INSPIRE YOURSELF!

Dein kreativer Begleiter

Inspire yourself!

Dein kreativer Begleiter

By

Ana Johnson

Hello!

Im Alltag finde ich leider viel zu wenig Zeit, um Bücher zu lesen – daher hätte ich auch nie gedacht, dass ich selber mal eins schreiben würde!

Aber nun ist es endlich hier und genauso vielseitig und bunt wie mein Leben. Meine Social-Media-Kanäle beschäftigen sich nicht nur mit einem Thema, sondern mit einer ganzen Fülle an unterschiedlichen Bereichen und so ist es auch mit diesem Buch. Ganz nach meinem Motto „Alles, was mich glücklich macht" und dabei lasse ich mich von meiner Kreativität leiten.

Inspire yourself! ist randvoll bestückt mit meinen Lieblingsrezepten und schönsten DIYs. Gerne verrate ich dir auch meine Inspirationsquellen und Tipps, die dir helfen können dein Zuhause noch schöner zu gestalten, dich richtig wohlzufühlen und dein Leben zu vereinfachen. Dabei darf natürlich eine gute Organisation nicht fehlen, die mein Leben absolut verändert hat und vielleicht jetzt auch deins?!

In diesem Projekt stecken mein ganzes Herzblut, meine Kreativität und Leidenschaft. Ich kann es kaum glauben, dass es in deinen Händen liegt und würde so gerne wissen, wie es dir gefällt. Schau doch bei meinen Social-Media-Kanälen vorbei oder teile unter #johnspiration alle deine Kreationen aus diesem Buch.

Ich möchte hier aber auch vor allem meinem Mann Tim für die Unterstützung während des Entstehungsprozesses danken. Er hat mich bei allem, was dieses Buch angeht, immer bestärkt – egal ob bei Tag, bei Nacht, im Flugzeug, im Schlafanzug oder auf dem Sprung. Seine wunderbaren Fotos bringen all meine Ideen kunstvoll zum Leben.

Jetzt wünsche ich dir ganz viel Spaß beim Durchblättern, Inspierenlassen und Selbermachen!

deine Ana

Inhaltsverzeichnis

Kapitel 1

DIE PERFEKTE

Organisation

Es geht los

Ich freue mich, dass du dieses Buch in den Händen hältst. Es soll dir dabei helfen, deine Wohnung und dein Leben noch schöner zu gestalten – nicht nur punktuell in deinem Alltag. Besser noch: Es soll dich einmal durch das gesamte Jahr begleiten und dich unterstützen. Ich habe gelernt, dass eine geordnete und schön gestaltete Umgebung mein Wohlbefinden um Längen steigert. Es ist einfach das beste Gefühl, abends nach Hause zu kommen – in eine gemütliche Wohnung, die sofort Geborgenheit ausstrahlt. Denn kein Ort ist wichtiger für mich als mein Zuhause. Und ich habe festgestellt, dass meine Umgebung einen riesigen Einfluss auf den Rest meines Lebens hat. An einem strukturierten Arbeitsplatz arbeite ich sehr viel konzentrierter. In einem ordentlichen Schlafzimmer schlafe ich besser. In einer aufgeräumten Küche gelingen mir die leckersten Rezepte. Deswegen liebe ich es, mich mit schönen Dingen zu umgeben, die mein Wohlbefinden steigern und mich im Alltag unterstützen und so Positives auslösen. Geht es dir auch so?

Deswegen geht es im folgenden Kapitel darum, Ordnung in deiner Wohnung zu schaffen. Und zwar nicht durch eine schnelle, oberflächliche Aufräumaktion. Vielmehr sollst du eine grundlegende Struktur schaffen, sodass Aufräumen danach fast gar nicht mehr notwendig ist. Klingt gut, oder? Aber dazu gehört auch, einmal richtig auszumisten und dich von allem zu befreien, was dir keine Freude mehr bereitet. Das ist auch immer ein Stückchen Seelenarbeit – man lässt Altes los und öffnet sich für Neues. Auch wenn das herausfordernd klingt, musst du dir keine Sorgen machen. Wenn du Schritt für Schritt vorgehst, ist es gar nicht so schlimm. Und das Ergebnis wird dich begeistern. Du schaffst dir Zeit und Raum, um die schönen Dinge, die du bereits besitzt, wirklich wertzuschätzen und Neues in dein Leben zu lassen.

Sei also mutig und geh die ersten Schritte an. Probiere aus, sei offen für Neues, lass manches einfach mal auf dich zukommen. Die Reise geht los.

Dann bist du keine Ausnahme: Es ist ja bereits an vielen Stellen wissenschaftlich belegt, wie sich unsere emotionale Situation in unserer Umgebung widerspiegelt – und umgekehrt. Beispiele gibt es dafür viele. Kennst du das: Du müsstest zwar dringend eine komplizierte Aufgabe bearbeiten, beginnst aber stattdessen aufzuräumen? Das ist vollkommen natürlich. Dein Gehirn möchte erst äußere Ordnung schaffen, bevor es richtig loslegen kann. Denn zu viele Sinneseindrücke können uns schnell überfordern, eine richtige Stressreaktion auslösen und uns sogar krank machen. Deswegen ist mir ein geordnetes, ruhiges Zuhause so wichtig. Es ist schließlich der eine Ort in unserem Leben, an dem wir uns immer geborgen und wohlfühlen dürfen und unsere Batterien aufladen können. Deswegen ist weniger hier oft mehr – mehr Ruhe, mehr Glück, mehr Wohlbefinden.

Bevor du dich daran machst, die Welt zu verbessern, gehe dreimal durch dein eigenes Haus.

(Chinesisches Sprichwort)

Ordnung ist das halbe Leben

Kennst du folgendes Zitat von Albert Einstein:
„Wenn ein überfüllter Schreibtisch ein Zeichen für einen überladenen Geist ist, für was ist dann wohl der leere Schreibtisch ein Zeichen?"

Ich persönlich glaube ja nicht, dass da etwas dran ist. Zwar kann uns ein kleines bisschen Chaos angeblich kreativer machen, aber im Großen und Ganzen raubt es uns nur Energie, die wir in Wichtigeres stecken könnten. Unordnung ist für unser Gehirn eine nachweisliche Reizüberflutung, die es nicht einfach ausblenden kann. Auch wenn du denkst, dass es dir nichts ausmacht: Dein Unterbewusstsein sieht das vermutlich anders. Mal abgesehen von der Zeit, die wir sinnlos mit Suchen vergeuden, weil Dinge nicht an ihrem Platz liegen. Das alles lässt sich so einfach vermeiden. Und deswegen bin ich ein großer Fan von Ordnung. Ich glaube wirklich daran, dass eine ordentliche Umgebung auch einen ruhigen Geist ermöglicht (aber vielleicht ist es auch umgekehrt). Der einfachste Weg, um mich selbst zu organisieren, ist, mich von unnötigen Dingen zu trennen. Je weniger du hast, mit dem du Unordnung machen kannst, umso schwerer ist es, überhaupt Unordnung zu machen. Der durchschnittliche Westeuropäer besitzt sage und schreibe zehntausend Dinge, die er in seinen eigenen vier Wänden hortet. Falls du eine ausgeprägte Shoppingleidenschaft hast oder eine große Heimbibliothek pflegst, übersteigt dein Besitz diesen Durchschnitt auch schnell. Kannst du noch einschätzen, wie viele Gegenstände sich in dem Raum befinden, in dem du gerade sitzt? Vermutlich nicht, oder? Und wenn wir ganz ehrlich sind, benutzen wir die meisten Gegenstände kaum oder überhaupt nicht. Wir haben sie uns vor Langem angeschafft, und nun stehen sie unnütz rum, nehmen uns Platz für wichtigere Dinge weg und rauben uns Energie.

Die einzige Lösung? Sich von dem trennen, das dir nicht mehr nützt und keine Freude bringt. Einfach mal richtig entrümpeln. Wenn du diesen Ballast einmal abwirfst, wirst du auch schnell merken, wie viel besser es dir geht. Du musst weniger aufräumen und putzen, findest Gesuchtes schneller wieder und produzierst weniger Müll, um nur einige Vorteile zu nennen. So schaffst du nicht nur Platz in deiner Wohnung, sondern auch in deinem Kopf. Platz für mehr Freiheit, Gelassenheit und Zeit für die wirklich schönen Dinge im Leben. Wenn das mal nicht Grund genug ist, sofort loszulegen! Aber bevor wir uns auf den nächsten Seiten ans Ausmisten machen, folgen hier noch ein paar Tipps dazu, nach welchen Kriterien du dabei am besten vorgehst, was du mit den aussortierten Sachen machst und wie du zukünftig den Überblick behältst.

Ausmisten – so geht's

deine zahlreichen Besitztümer hast. Such dir also eine kleine Ecke, in der du anfangen kannst. Das kann ein Schrank, eine Schublade oder vielleicht einfach nur deine Handtasche sein. Nimm alles heraus und geh dann Gegenstand für Gegenstand durch. Die folgenden Fragen helfen dir dabei, zu entscheiden, was du behalten solltest und wovon du dich trennen kannst:

1. Funktioniert es noch problemlos und fehlerfrei?
2. Habe ich es schon einmal gebraucht?
3. Wenn ja: Habe ich es im letzten Jahr gebraucht?
4. Werde ich es in Zukunft brauchen?
5. Habe ich keinen anderen Gegenstand, der die gleiche Funktion erfüllt oder den ich dafür zweckentfremden kann?
6. Kann ich nur schwierig Ersatz beschaffen?
7. Würde ich es wieder kaufen, wenn ich es verliere?
8. Ist es mit einer wichtigen Erinnerung verknüpft?
9. Und am wichtigsten: Macht es mich glücklich und bringt mir Freude?

Lass mich raten: Du hast keine Ahnung, wie du überhaupt anfangen sollst, oder? Kein Problem! Wir machen das Schritt für Schritt. So überforderst du dich nicht und bleibst motiviert bei der Sache.

Gehörst du auch zu den Leuten, die sich nur sehr ungern von Dingen trennen? Das kann ich voll und ganz verstehen. Aber glaub mir, du wirst dich danach befreiter fühlen. Raum schafft Platz zum Atmen, zum Denken und Weiterentwickeln. Und auch wenn Ausmisten erst mal wie eine kräftezehrende Aufgabe erscheint, denk daran, wie viel Zeit du danach sparen kannst, wenn zum Beispiel dein Kleiderschrank übersichtlicher ist und du nur noch die Kleidungsstücke besitzt, die dir wirklich gefallen. Oh, dieses Buch hast du ganz vergessen, dabei wolltest du es unbedingt lesen? So etwas passiert nicht mehr, wenn du endlich einen guten Überblick über all

Wenn du jede einzelne Frage mit Ja beantwortet hast, dann solltest du diesen Gegenstand auf jeden Fall behalten. Wenn nicht, dann denk doch noch einmal darüber nach. Viel zu oft halten wir einfach aus Gewohnheit an etwas fest, das aber nichts Positives mehr zu unserem Leben beisteuert. Hoffentlich helfen dir die obigen Fragen, diesen Fehler zu vermeiden.

Falls dir diese Fragen noch nicht ausreichen oder dir trotz allem die Motivation fehlt, dann ist vielleicht eine Challenge zum Ausmisten das Richtige für dich. Suche einfach mal im Internet nach „Declutter Challenge" und lass dich inspirieren.

Und wohin damit?

Wirf deine aussortierten Sachen bitte nicht einfach in den Müll. Sehr wahrscheinlich kannst du einem anderen eine Freude damit machen und vielleicht nebenbei noch ein bisschen Geld verdienen. Hier findest du ein paar Ideen, wo deine abgelegten Dinge noch Gutes tun können.

Im Internet verkaufen
Hast du noch komplett neue oder sehr gut erhaltene Sachen? Dann versuch doch, diese im Internet zu verkaufen. Auf Seiten wie eBay Kleinanzeigen oder Kleiderkreisel kannst du deine Teile einstellen, mit Interessenten verhandeln und sie dann – hoffentlich gewinnbringend – verkaufen. So kannst du dir nebenbei ein bisschen Geld dazuverdienen.

Flohmarkt
Hast du schon mal an einem Flohmarkt teilgenommen? Wenn nicht, dann schnapp dir ein paar Freundinnen und bucht euch einen Stellplatz. Die Gebühr ist meistens recht gering, vor allem wenn man sie sich teilt. Ich hoffe, dein Verhandlungsgeschick ist hoch, damit du hier richtig gute Deals abschließen kannst.

Secondhandläden
Hochwertige Markenkleidung kannst du in einen Secondhandladen bringen und dort einen guten Preis aushandeln. Für alles andere bieten sich gemeinnützige Secondhandshops wie zum Beispiel Oxfam an. Dort kann man seine Kleidung oder andere Gegenstände spenden. Die Erlöse aus dem Verkauf kommen dann wohltätigen Zwecken zugute.

Altkleidercontainer
Kleidercontainer werden meist von Hilfsorganisationen

wie den Maltesern oder der Caritas betrieben. Die hier eingeworfene Kleidung wird verkauft, und der Erlös fließt in diese Organisationen.

Spenden
Natürlich kannst du deine aussortierten Sachen auch direkt für gute Zwecke spenden, zum Beispiel für Flüchtlinge oder andere Menschen in Not. Gerade Möbelstücke werden dort oft gesucht. Hast du alte Decken, Kissen, Handtücher oder Bettbezüge übrig? Tierheime freuen sich oft über solche Sachspenden, damit sie es ihren Schützlingen etwas gemütlicher machen können.

Verschenken und Kleidertausch
Nicht zuletzt kannst du natürlich auch deinen Freundinnen einen Gefallen tun und sie zu einer Tauschparty einladen. Bücher, DVDs, Kleidung, Make-up – etwas, das dir nicht mehr gefällt, kann für einen anderen ein Glücksgriff sein. Also stell etwas zum Knabbern raus, lass den Sektkorken ploppen und feiert los.

Tipp:

DEN ÜBERBLICK BEHALTEN

Auf den folgenden Seiten findest du ganz viele Ideen, wie du jeden Bereich deines Zuhauses organisieren kannst. Aber all die Mühe ist natürlich umsonst, wenn du innerhalb kürzester Zeit wieder genauso viele Sachen anhäufst, die es dann zu verwalten gilt. Deswegen gebe ich dir ein paar Tipps, wie du diesen Sammeldrang eindämmen kannst. Aber keine Sorge: Es gibt jetzt kein Shopping-Verbot! Es gilt wie immer im Leben: alles in Maßen, nicht in Massen.

One in, one out

Das ist eine tolle Regel, insbesondere für deinen Kleiderschrank. So läuft er nie wieder über. Du hast drei ähnliche weiße T-Shirts, möchtest aber unbedingt dieses eine neue? Dann musst du eines der anderen weggeben. Das ist auch ein toller Indikator dafür, wie wichtig dir diese neue Sache ist. Bist du gewillt, dafür eines deiner Kleidungsstücke aufzugeben? Wenn ja, dann lohnt sich der Tausch definitiv. Fehlkäufe ade!

Sachen aufbrauchen

Hmmmm, dieses Duschgel riecht so gut, aber du hast zu Hause noch mehrere ungeöffnete Tuben stehen? Dann versuch doch erst mal, alles, was du hast, aufzubrauchen, bevor du dir etwas Neues kaufst. Und ja, das gilt auch für die teure Bodylotion, die du zum Geburtstag bekommen hast. Wofür willst du sie denn aufheben? Der beste Zeitpunkt, sie zu verwenden, ist jetzt!

Zweckentfremden

Du brauchst ein neues Fensterputztuch oder einen Kalkreiniger? Dann schau doch mal in meine Putz-Hacks auf Seite 20. Dort findest du tolle Ideen, wie du alltägliche Sachen zweckentfremden kannst.

Tauschen, leihen, streamen

Brauchst du wirklich eine DVD von diesem Film, oder kannst du ihn einfach auf deiner Lieblings-Streaming-Plattform schauen? Du nutzt einmal im Jahr einen Lockenstab? Dann frag doch deine Freundin, ob sie dir im Fall der Fälle ihren leihen würde. Du hast deine Heimbibliothek komplett durchgelesen? In fast allen Städten gibt es noch immer die guten, alten Bibliotheken, in denen du dir gegen eine geringe Gebühr viele Bücher und andere Medien ausleihen kannst. So sparst du nicht nur Platz in deiner Wohnung, sondern auch richtig viel Geld.

List it!

Geht es dir auch oft so, dass du gefühlt zehntausend Dinge auf einmal erledigen musst? Mein Kopf ist dann so voll, dass ich das Wichtigste oft vergesse. Deswegen liebe ich Listen. To-do-Listen, Einkaufslisten, Packlisten, Haushaltspläne, Essenspläne, Geschenkelisten, Bucket Lists … Je mehr ich mir notiere, umso weniger muss ich mir merken – und umso mehr schaffe ich auch tatsächlich! Wenn du also vor einem riesigen Berg an Aufgaben stehst und gar nicht weißt, wo du anfangen sollst: Bitte nicht verzweifeln! Mit Ordnung, Struktur und einer gepflegten To-do-Liste kannst du all deine Aufgaben Stück für Stück abarbeiten.

To-do-Listen

Ohne meine To-do-Liste würde ich nichts schaffen. Ich finde es praktisch, mir eine Meta-Liste anzulegen, in der ich wirklich alles festhalte – vom Abo, das ich kündigen will, bis zum Zahnarzttermin, den ich verschieben muss. Hier markiere ich mir auch, ob die Aufgaben dringend sind oder die Deadline noch fern ist. Einmal pro Woche übertrage ich dann die anstehenden Aufgaben in meinen Kalender. Dabei ist es wichtig, sich nie zu viel für einen Tag vorzunehmen. Wenn du morgens schon weißt, dass du all deine To-dos niemals an einem Tag abarbeiten kannst, demotiviert das wahnsinnig. Plane lieber etwas weniger, sei stolz auf dich, wenn du dein Tagespensum geschafft hast, und starte am nächsten Tag wieder voller Energie.

Essenspläne und Einkaufslisten

Egal, ob man besonders auf seine Ernährung achtet oder nicht: Es erleichtert den Alltag, sich jede Woche einen Essensplan zu erstellen. Welche Lebensmittel müssen diese Woche dringend aufgebraucht werden? Was hat gerade Saison oder ist günstig im Angebot erhältlich? So kannst du dir überlegen, was jeweils morgens, mittags und abends auf dem Tisch stehen soll. Notiere dir all die Zutaten, die dir noch fehlen, und schon steht auch deine Einkaufsliste. Jetzt musst du nur noch „Einkaufen" auf deine To-do-Liste übertragen.

Haushaltspläne

Ja, ich weiß, Putzen macht keinen Spaß. Aber mit einem guten Plan und meinen Haushalts-Hacks auf Seite 20 geht auch das viel leichter von der Hand. Hast du einen Mitbewohner oder Partner, dann sprecht gemeinsam ab, welche Putzroutine am besten für euch funktioniert. Ist es einfacher, jeden Tag ein bisschen was zu machen, oder legt ihr lieber an einem bestimmten Tag gemeinsam Hand an? Wenn das einmal geklärt ist, klappt das Zusammenleben gleich viel besser.

Packlisten

Ich habe jedes Mal Angst, etwas zu vergessen, wenn ich in den Urlaub fahre. Deswegen sind Packlisten für mich überlebensnotwendig. Ich habe Vorlagen für die verschiedensten Reisen: Städtetrips, Business-Reisen, Sommerurlaube am Meer, Ski-Trips und so weiter. Deshalb kann ich mich beruhigt in den Flieger setzen, ohne panisch zu werden, weil ich mal wieder meinen Reiseadapter vergessen habe. Damit auch dir das Packen leichterfällt, habe ich auf den Seiten 103 und 104 zwei Beispiele für solche Listen für dich notiert.

To Buy

Das brauche ich IMMER:

- [ ] _____
- [ ] _____
- [ ] _____
- [ ] _____
- [ ] _____
- [ ] _____
- [ ] _____
- [ ] _____

Das bekomme ich nur HIER

- [ ] _____
- [ ] _____
- [ ] _____
- [ ] _____

Essensplan

Montag:

Dienstag:

Mittwoch:

Donnerstag:

Freitag:

Samstag:

Sonntag:

Packliste

Essentials:

Elektronik:

☐ _____
☐ _____
☐ _____
☐ _____

Pflege:

☐ _____
☐ _____
☐ _____

Damit ich mich nicht langweile:

To Do

Das ist heute
AM WICHTIGSTEN:

☐ _____
☐ _____
☐ _____
☐ _____
☐ _____
☐ _____

Das möchte ich
FÜR MICH tun:

Es WÄRE SUPER, wenn ich das auch noch schaffe:

Alles sauber?

10 SCHNELLE HAUSHALTSHACKS

Stellen wir uns den Tatsachen: Gerne putzen tun wirklich die wenigsten, aber wir alle möchten es gern sauber haben. Dabei helfen uns ein paar clevere Hacks und bringen unsere ganze Wohnung sofort zum Glänzen.

Badezimmer:

1. Hast du dicke Kalkablagerungen, zum Beispiel am Duschkopf oder an deinen Armaturen? Kalk lässt sich am einfachsten in säurehaltigen Flüssigkeiten auflösen, wie beispielsweise Essigsäure. Du musst aber nicht deinen teuren Balsamico-Essig dafür opfern. In jeder Drogerie findest du stattdessen hochkonzentrierte Essigessenz. Um zum Beispiel deinen Duschkopf zu reinigen, kannst du eine große Schüssel oder einen Plastikbeutel mit warmem Wasser füllen und einen Esslöffel Essigessenz hinzugeben. Lege den Duschkopf dann hinein und lass ihn für 15 Minuten darin. Dabei sollte sich der Kalk ablösen. Anschließend gründlich abspülen. Für hartnäckigere Beläge musst du eventuell mehr Essig hinzufügen und ein wenig länger warten. Möchtest du Kalk von Armaturen lösen, die du nicht in eine Schüssel legen kannst? Dafür tränkst du einen Lappen im Essig-Wasser-Gemisch und wickelst diesen um die Armatur. Lass alles gut einwirken und wische die Stellen anschließend gut ab.

2. Um Ablagerungen in der Toilette aufzulösen, musst du nicht immer gleich zum chemischen Reiniger greifen. Es geht auch einfacher – mit Geschirrspültabs! Die sprudelnden Helferlein kommen auch an schwer zugängliche Stellen und machen dein Klo ohne Unterstützung wieder blitzblank. Gib einfach zwei Tabs in die Toilette und lass sie einwirken, gern auch über Nacht. Du kannst auch direkt die Klobürste hinzustellen, damit auch diese gereinigt wird. Am nächsten Morgen einfach kurz mit der Klobürste werkeln, abziehen und fertig! Noch leichter kann Putzen fast gar nicht sein.

3. Damit deine Toilette auch lange so strahlend glänzt, hier noch ein weiterer Hack: Befülle den Klobürstenständer mit Toilettenreiniger. Das sorgt nicht nur für einen guten Duft, sondern reinigt auch jedes Mal die Toilette, wenn die Klobürste benutzt wird.

Küche:

4. Auch in der Küche lagert sich allerhand Kalk ab. Den kannst du ganz nebenbei bekämpfen. Jedes Mal, wenn du eine Zitrone verwendest (beispielsweise für den leckeren Eistee auf Seite 66), hast du gleichzeitig eine Kalk-Wunderwaffe in der Hand. Sie wirkt genauso gut wie Essigsäure, ist noch schonender für deine Haushaltsgeräte und riecht definitiv auch besser. Reibe also einfach mit der ausgedrückten Zitrone über die kalkigen Stellen, lass den Saft kurz einwirken und spüle danach alles gut ab. Schon glänzen die Stellen wieder wie neu.

5. Aber auch in der Küche kann Essigessenz sich als nützlich erweisen. Ist deine Mikrowelle verschmutzt? Dann stell eine (mikrowellengeeignete) Schale mit einem Wasser-Essig-Gemisch und ein paar Zitronenscheiben für 2 Minuten bei höchster Temperatur hinein. Dabei verdampft das Wasser und löst die Ablagerungen auf. Die Zitronenscheiben sorgen für einen frischen Duft. Wische die Mikrowelle danach gründlich aus und lass sie eine Weile offen stehen, damit der Essiggeruch verfliegen kann.

6. Standmixer zu reinigen ist eine umständliche und scharfkantige Arbeit. Ich muss immer sehr gut aufpassen, dass ich mich dabei nicht schneide. Dabei geht es auch viel einfacher! Spüle den Mixer nach dem Benutzen einmal gründlich aus. Fülle ihn dann zur Hälfte mit Wasser und gib ein paar Tropfen Spülmittel hinzu und stell ihn noch mal an. So reinigt er sich quasi selbst. Das Wasser anschließend wegkippen, durchspülen und zum Trocknen aufstellen – fertig!

Sonstiges:

7. Hast du auch tausend Putzmittel und findest nie das richtige, wenn du es brauchst? Um deine Reiniger übersichtlicher zu lagern, kannst du einen hängenden Organizer zweckentfremden. Diese Aufbewahrungsmöglichkeit mit mehreren Taschen kann man zum Beispiel an Türen befestigen. So hast du alles jederzeit im Blick und siehst auch sofort, wenn etwas fast aufgebraucht ist und neu gekauft werden muss.

8. Kennst du diese feinen Spinnweben, die sich in Zimmerecken absetzen? Irgendwie eklig, auch wenn keine Spinne in der Mitte sitzt! Wenn du mit deinem Staubsauger nicht in die Ecken kommst, habe ich hier einen kleinen Hack für dich: Lege ein Feuchttuch um einen Besen und mach es mit einem Gummiband fest. So bewaffnet kannst du die Spinnweben ganz einfach entfernen und das Tuch anschließend entsorgen.

9. Staubwischen ist superlästig. Irgendwie sind danach immer noch überall Fusseln zu sehen. Am besten funktioniert ein „nebelfeuchtes" Mikrofasertuch. Entweder sprühst du es mit einem Pflanzenbestäuber ein oder lässt es während einer heißen Dusche im Bad hängen. Damit erwischst du garantiert alle Fusseln. Um Bildschirme zu entstauben, eignet sich übrigens ein Kaffeefilter am besten. Klingt verrückt, funktioniert aber wirklich!

10. Fensterputzen ist eine lästige und langwierige Aufgabe. Erst müssen die Fenster gesäubert, dann abgezogen und anschließend trocken poliert werden. Und dann gibt es trotzdem noch Schlieren! Warum also nicht dein Altpapier dazu zweckentfremden? Das geht ganz einfach: Nimm eine unbeschichtete Zeitung. Die ist ideal zum Fensterreinigen. Besprüh die Fenster mit einfachem Wasser und reib die Stelle mit dem Zeitungspapier trocken. Schon hast du saubere und glänzende Fenster! Am besten an einer unauffälligen Stelle testen.

Get up and tidy up!

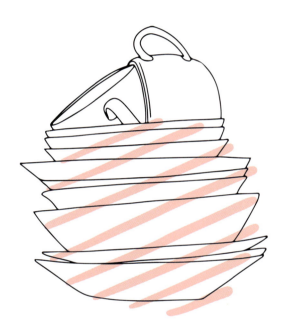

tante Grundordnung, gibt es noch mehr Gründe: Wie schon gesagt, macht eine aufgeräumte Umgebung tatsächlich glücklicher, ausgeglichener und produktiver. Das belegen auch zahlreiche Studien. Also müssen wir dem Chaos ein für alle Mal den Kampf ansagen. Hier folgen ein paar Aufräum-Tipps: Wo fängt man überhaupt an? Wie kannst du Aufräumen in deinen Alltag integrieren, ohne dass es sich wie eine lästige Pflicht anfühlt? Und wie schaffst du es auch langfristig, Ordnung zu halten?

Einmal richtig …

Am Anfang geht es darum, einmal richtig klar Schiff zu machen und somit die Grundlage für deine zukünftige Ordnung zu schaffen. Nimm dir dafür ein paar Stunden Zeit – je nachdem, wie unordentlich es gerade bei dir ist. Mach dir am besten eine Gute-Laune-Playlist oder einen spannenden Podcast an. Wenn das Wetter passt, öffne alle Fenster, um frische Luft reinzulassen. So beginnst du sofort viel motivierter die doch eher unangenehme Aufgabe. Hole dir dann noch ein paar Mülltüten und Wäschekörbe zu Hilfe, und schon heißt es: Auf in den Kampf!

Beginne am besten da, wo du den größten Unterschied sehen wirst, zum Beispiel im Wohnzimmer. Sammle nun zuerst allen Müll und alle Flaschen zusammen im Müllbeutel. Sortiere die Sachen in Stapeln, die in andere Zimmer gehören, beispielsweise getragene Sachen, die gewaschen werden müssen, oder Geschirr aus der Küche. Bringe diese Sachen in die entsprechenden Räume, aber stell sie erst mal nur dort ab. So sparst du dir unnötige Wege und gehst viel geordneter und zeitsparender vor. Sobald du alles aussortiert hast, das nicht in den

Kennst du diese Situation: Eine Freundin ruft dich an und möchte in 10 Minuten vorbeikommen, aber deine Wohnung ist komplett im Chaos versunken? Und jetzt weißt du gar nicht, wo du anfangen sollst? Statt dich auf ihren Besuch zu freuen und schon mal die Kaffeemaschine anzuwerfen, rennst du nun hektisch durch die Gegend. Ich kenne solche Situationen nur zu gut. Gerade wenn ich Foto-Sessions mache, liegen alle freien Flächen voll mit Requisiten, Accessoires und Klamotten. Da kann Aufräumen ziemlich stressig werden … the struggle is real! Auch wenn das Grund genug sein sollte für eine kons-

Raum gehört, sollte es schon viel ordentlicher aussehen. Nun kannst du dich dem Rest des Raums widmen. Ich würde vorschlagen, du beginnst in einer Ecke und arbeitest dich einfach im Uhrzeigersinn voran. Räume zum Beispiel zuerst den Tisch ab und stell alles dorthin, wo es hingehört. Falls bei dir noch nicht jeder Gegenstand ein eigenes Zuhause hat, dann blättere mal auf Seite 26. Dort findest du zahlreiche Inspirationen. Erst wenn du mit einem Raum komplett fertig bist, solltest du den nächsten angehen, wo ja schon ein Stapel mit Sachen auf dich wartet. Aber keine Angst, das schaffst du auch noch! Du wirst erstaunt sein, welchen Unterschied eine aufgeräumte Umgebung macht.

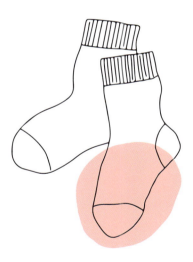

Täglich ein bisschen …

Fertig aufgeräumt? Nun hast du die perfekte Grundlage geschaffen, um tägliches Aufräumen in deinen Alltag zu integrieren. Ich habe ein paar Tricks, mit denen ich mich regelmäßig motiviere aufzuräumen. Denn stundenlange Aufräum-Sessions machen wirklich keinen Spaß. Da fällt es doch sehr viel leichter, jeden Tag ein bisschen was zu machen.

1. Mach jeden Morgen dein Bett! Es macht einen riesigen Unterschied, nicht nur für den Ordnungsfaktor deiner Wohnung, sondern auch für dein Mindset für den Rest des Tages. So hast du die erste Aufgabe des Tages schon abgehakt, Zeit für die nächste.

2. Ein anderer morgendlicher Hack ist, während des Zähneputzens aufzuräumen. Ich laufe oft mit der Zahnbürste im Mund durch die Wohnung und stelle dabei Sachen an den richtigen Ort. Das kannst du natürlich genauso abends machen oder beispielsweise während der Werbepause beim Fernsehen.

3. Wenn du tagsüber in deiner Wohnung unterwegs bist, kannst du bei jedem Gang in ein anderes Zimmer immer gleich etwas mitnehmen. Wenn du für einen Snack in die Küche gehst, nimm doch gleich die Teetasse mit und stell sie in die Spüle. Das fühlt sich gar nicht nach Aufräumen an.

4. Wenn du dich mit diesen Hacks trotzdem nicht motivieren kannst, dann leg eine bestimmte Zeit am Tag fest, such dir zwei oder drei tolle Lieder aus und nutze diese 10 Minuten dafür, „Speed-Tidying" zu machen. Wenn du dich nicht ablenken lässt, kann man in 10 Minuten wirklich viel schaffen.

Ordnung halten, ohne aufzuräumen …

Wenn du die oben genannten Tipps beherzigst, werden wöchentliche Aufräumaktionen fast gänzlich überflüssig, weil du schlicht und ergreifend keine Unordnung mehr machst. Klingt total einfach, oder? Damit es aber wirklich langfristig so bleibt, hier noch ein paar Tipps und Tricks.

1. Ein Ordnungsplan kann dir helfen, nichts mehr zu vergessen. Beispielsweise könntest du einen Tag in der Woche oder im Monat für die Buchhaltung reservieren, an dem du dich um sämtliche eingegangene Post kümmerst.

2. Stell sicher, dass alles in deiner Wohnung einen festen Ablageplatz hat, der idealerweise nicht „der Boden" oder „der Stuhl" ist. Wenn du mehr Inspirationen dafür brauchst, schau mal auf Seite 26.

3. Stell alle Sachen, die du benutzt hast, sofort wieder an ihren richtigen Platz. Wenn du beim Kochen beispielsweise Gewürze aus dem Schrank nimmst, stellst du sie einfach gleich wieder zurück, sobald deine Soße perfekt abgeschmeckt ist. So musst du dich nach dem Essen nicht vollgefuttert in die Küche quälen.

4. Erledige alles, das weniger Zeit als eine Minute dauert, sofort! Du bist eben nach Hause gekommen? Dann häng deinen Mantel auf, stell deine Tasche an den richtigen Platz und räum deine Schuhe ins Regal. So musst du dich nicht später dazu motivieren.

5. Und noch ein kleiner Tipp ganz am Ende: Hast du einen Partner, ein Familienmitglied oder einen Mitbewohner, der superunordentlich ist und damit all deine schöne Arbeit zunichtemacht? So was kann echt frustrierend sein, vor allem wenn diese Person nicht so viel Wert auf eine ordentliche Umgebung legt wie du und ihr Verhalten nicht unbedingt ändern möchte. Ein guter Kompromiss kann es sein, einen bestimmten Platz festzulegen, wo du ihre Sachen sammeln kannst, zum Beispiel in ihrem Zimmer oder in einer Kiste. So musst du dich nicht mehr damit auseinandersetzen und deine Umgebung bleibt trotzdem immer schön ordentlich.

„Jedes Ding braucht einen Platz!"

I got 99
bobby pins, but
I can't find one.

Ordnung macht glücklich

Nun ist es so weit, und wir gehen die harten Aufgaben an. Du hast inzwischen deinen ganzen Besitz ausgemistet und möchtest nun einfach Ordnung in deine Sachen bringen. Mit diesen sechs Tipps klappt das problemlos.

Schaffe ausreichend Stauraum

Bevor du beginnst, schau dich einmal um und stell dir folgende Frage: Habe ich genug Platz für alle meine Sachen? Wenn du nicht ausreichend Stauraum hast, um alles unterzubringen, fängst du immer wieder von vorn an. Natürlich kannst du sofort losziehen und ein paar Schränke, Regale oder Kommoden kaufen, wenn du das möchtest. Aber das lässt deine Wohnung nur noch vollgestellter aussehen. Also überleg dir kreative Lösungen.

Hast du die Raumhöhe richtig ausgenutzt? Wie wäre es zum Beispiel mit Regalbrettern über dem Türrahmen? Suche außerdem nach freiem Platz unter Möbeln. Zum Beispiel kannst du unter deinem Bett vielleicht ein paar flache Kisten unterbringen. Schau doch mal, welche ungewöhnlichen Lösungen dir einfallen, für die du nicht allzu tief in die Tasche greifen musst.

Gib jedem Ding ein Zuhause

Die oberste Regel für eine ordentliche Umgebung ist: Jedes Ding hat seinen festen Platz. Wenn du nicht weißt, wo du etwas lagern sollst, liegt es selbstverständlich irgendwo rum. Wo soll es denn auch hin? Die wichtigste Aufgabe ist deswegen, wirklich jedem Ding sein

Zuhause zuzuweisen, auch wenn das im ersten Schritt vielleicht schwerfällt. Die nächsten Tipps vereinfachen das hoffentlich.

Wo wird es gebraucht?

Ein Fehler, der schnell zu Unordnung führt: Dinge nicht dort zu lagern, wo man sie tatsächlich nutzt. Egal, wie schön dein Make-up-Kästchen auf dem Tisch aussieht – wenn du dich immer vor dem Spiegel am anderen Ende des Raums schminkst, wirst du täglich Sachen hin und her tragen müssen. Das nervt ziemlich schnell. Also: Stifte auf den Arbeitsplatz, Bettzeug aufs oder unters Bett, Fernbedienungen auf den Sofatisch etc.

Verschaffe dir einen Überblick

Bevor du anfängst, etwas zu verstauen, solltest du dir einen Überblick über diese Dinge verschaffen. Lege alles auf einen Haufen. Sortiere dann die Dinge, die zueinander gehören. Beim Schreibtisch könnten das zum Beispiel alle Kugelschreiber sein, in deiner Bastelecke alle Washi-Tapes etc. Prüfe noch mal, ob du alles davon noch benötigst oder behalten möchtest.

Verstaue, aber richtig!

Nun kannst du anfangen einzusortieren. Für fast alle Sachen bietet es sich an, diese in Schachteln oder Boxen zu lagern. Dafür musst du nicht unbedingt etwas Neues kaufen. Schau dich mal um, welche Dinge du zweckentfremden kannst. Wie wäre es mit dem großen Karton deiner letzten Online-Bestellung? Ideal für die Weihnachtsdeko. Und das Marmeladenglas? Gerade richtig, um darin deine Stifte zu lagern. Auf Seite 48 findest du zum Beispiel auch eine tolle Inspiration, wie du mit leeren Klopapierrollen und einem Schuhkarton deine Kabel sortieren kannst.

Markiere deine Behälter

Um zu vermeiden, dass drei identische Kartons mit unterschiedlichem Inhalt für Verwirrung sorgen, markiere doch einfach alles mit Labeln. So weißt du jederzeit, was sich wo befindet. Du kannst dir entweder einen Label-Maker besorgen, hübsche Aufkleber kaufen oder – gerade bei einfachen Pappkartons – einfach auf das Behältnis draufschreiben, was sich darin befindet.

DER KLEIDERSCHRANK

Nicht erst seit Marie Kondos fantastischem Buch „Magic Cleaning" zählt das Aufräumen des Kleiderschranks zu den Königsdisziplinen. Ich persönlich hänge an fast nichts so sehr wie an meiner Kleidung, weil mit ihr so viele Erinnerungen verbunden sind. Aber mit den folgenden Tipps schaffen wir auch dort das Ausmisten, versprochen!

Schon ausgemistet?

Hast du dich schon von Teilen deines Kleiderschrankinhalts getrennt? Wenn nicht, dann ist jetzt die Zeit gekommen. Welche Kleidungsstücke möchtest du behalten, weil du sie wirklich gern trägst, sie gut kombinierbar sind und deinem persönlichen Stil entsprechen? Auf welche kannst du hingegen gut verzichten? Geh noch einmal in dich und überleg, was sich wirklich richtig anfühlt.

Aufhäufen, nicht anhäufen

Bevor du Ordnung in deine Klamotten bringen kannst, musst du dir einen Überblick verschaffen. Wirf alle deine Sachen auf einen Haufen. So siehst du, wie viel du eigentlich besitzt. Falls dir das zu anstrengend erscheint, kannst du das auch erst mal mit einzelnen Kategorien machen, also zum Beispiel mit allen T-Shirts.

Ordnung marsch!

Nun musst du dir überlegen, wie du deine Sachen ordnen möchtest. Je nach Aufteilung deines Schranks kannst du Sachen entweder aufhängen oder falten. Sachen, die schnell knittern, wie zum Beispiel Hemden und Blusen, solltest du auf jeden Fall aufhängen. Das Gleiche gilt für Sachen mit Falten wie Faltenröcke oder Hosen mit Bügelfalte. Auch Blazer und Mäntel behalten ihre Form am besten aufgehängt. Kleidungsstücke aus Wolle oder Lycra, die sich leicht verziehen, solltest du hingegen richtig zusammenlegen und so verstauen. Auch schwere Teile, beispielsweise Paillettenkleider, sind auf einem Regalbrett oder in einer Schublade besser aufgehoben. Natürlich hängt die Entscheidung auch immer davon ab, wie viel Platz du in den jeweiligen Bereichen deines Kleiderschranks hast.

Kleidung richtig aufhängen

Nicht vergessen: Auch deine Kleiderbügel könnten mal ausgemistet werden. Holzbügel kannst du sofort aussortieren. Verwende ausschließlich Metallbügel. Die sind superdünn und platzsparend. Drei Metallbü-

gel benötigen im Kleiderschrank so viel Platz wie ein Holzbügel. So kannst du viel mehr aufhängen. Richtig hochwertig und schick sieht es aus, wenn die Bügel gold sind. Achte bei allen Sachen darauf, dass sie genug Platz nach unten haben, damit der Saum nicht auf dem Boden aufliegt, wo er leicht knittert und sich Staub ansammelt. Außerdem solltest du genug Platz zwischen den Sachen lassen: Idealerweise darf deine Kleiderstange nur zu zwei Dritteln gefüllt sein. Schaffst du das?

Kleidung richtig zusammenlegen

Auch diesen Tipp habe ich bei Marie Kondo stibitzt und er hat meinen Kleiderschrank revolutioniert. Bisher habe ich meine T-Shirts und andere Sachen einfach in Stapeln gelagert. Das Problem dabei ist, das man oft den ganzen Stapel herauszieht, um an ein bestimmtes T-Shirt zu kommen. Dabei macht man nur wieder Unordnung. Laut der KonMarie-Methode sollte man solche Stücke jedoch in Rechtecke bzw. Päckchen falten, die man dann aufrecht in Schubladen oder Regalfächern lagern kann. So hat man jederzeit einen guten Überblick über alles und kann Shirts einzeln herausnehmen, ohne das gesamte Konstrukt zum Einsturz zu bringen. Wirklich genial, oder?

VON PAPIERCHAOS ZUR PAPER QUEEN

Ich gebe zu, dieses Thema klingt nicht besonders spannend und sexy. Wer setzt sich schon gerne mit Papierkram auseinander? Aber ich verspreche dir, dass die Pflege deines anschließend perfekt geordneten Aktenschranks ein Klacks ist. Und das sollte doch Ansporn genug sein, um das Chaos ein für alle Mal in den Griff zu bekommen.

Sammeln und Ordnen

Auch hier empfehle ich dir, alle Papiere und Dokumente auf einen Haufen zu tun. Das kann einen erst mal erschlagen. Aber das ist okay. Der Haufen wird schnell sehr viel kleiner, versprochen. Fange nun an einer Ecke an und sortiere alle Papiere nach Kategorien, zum Beispiel „Versicherungen", „Erinnerungen", „Arbeitszeugnisse" etc. Zudem solltest du alle Unterlagen, die du noch bearbeiten musst, gleich auf einen gesonderten Stapel tun und diesen auf deinem Schreibtisch platzie-

ren. Müll wie zum Beispiel Prospekte von Lieferdiensten kannst du direkt wegschmeißen.

Aussortieren

Nachdem du einen Überblick gewonnen hast, folgt jetzt der schwierige Part. Bei Papieren geht es leider nicht um die Frage, ob dir das Dokument gefällt oder nicht (obwohl ein vollgestempelter Reisepass definitiv Glücksgefühle auslöst, oder?). Für Unterlagen gibt es unterschiedliche Aufbewahrungsfristen, die manchmal ganz schön kompliziert sein können. Deswegen folgt gleich eine kleine Bürokratiekunde. Falls du dir anschließend trotzdem noch unsicher bist, gilt bei Papierkram ausnahmsweise: lieber zu viel und zu lange aufbewahren. Ein wichtiges Dokument kannst du oft nur mit großem Aufwand ersetzen, also ist es hier okay, zögerlich zu sein. Diese Unterlagen solltest du gut sortiert in Aktenordnern aufbewahren:

- Garantieunterlagen (bei längerer Laufzeit auch länger), Kassenbons, Rechnungen, Nebenkostenabrechnungen
- Mietverträge und Übergabeprotokolle nach Beendigung des Mietverhältnisses
- Kontoauszüge
- steuerrelevante Unterlagen
- rechtliche Unterlagen wie Urteile und Prozessakten
- rentenrelevante Unterlagen wie Zeugnisse, Studienbescheinigungen, Arbeitsverträge, Gehaltsabrechnungen, Rentenversicherungsnachweise, Arbeitslosengeldnachweise etc.
- Ausweise, Pässe, Führerscheine, Geburtsurkunden, Heiratsurkunden, Sterbeurkunden von Verwandten, Taufscheine, Testament und Patientenverfügung, Immobilienunterlagen, Impfpass und evtl. ärztliche Befunde.
- Versicherungspolicen und Änderungsbescheide über die Spanne des Versicherungszeitraums, Kraftfahrzeugschein und Kraftfahrzeugbrief, so lange man das Auto besitzt, Unterlagen über Kredite und Abos während der Laufzeit

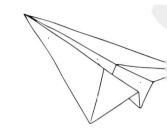

Schreddern

Da du dich beim Papiersortieren mit vielen sehr persönlichen Dokumenten auseinandersetzt, rate ich dir, zur Vernichtung der aussortierten Unterlagen einen Schredder zu nutzen. Natürlich musst du nicht jede einzelne Quittung schreddern, aber deine Kontoauszüge oder Post vom Finanzamt sollte niemand zu Gesicht bekommen. Weil Schreddern wirklich keine spannende Aufgabe ist, hier ein kleiner Tipp: Wirf deine Lieblingsserie an und arbeite den Berg aussortierter Unterlagen nach und nach ab.

Systematisieren

Nun besitzt du nur noch die Unterlagen, die du auch wirklich brauchst. Juhu! Jetzt geht es darum, diese in ein übersichtliches System zu bringen. Dafür kannst du entweder Aktenordner oder ein Hängemappensystem

nutzen – je nachdem, womit du besser zurechtkommst. Kauf dir schöne Ordner oder Hefter, am besten für jede Kategorie einen – so macht Ordnen gleich viel mehr Spaß. Markiere mit Farben oder Labeln, welche Unterlagen sich wo befinden. Die einzelnen Unterlagen kannst du dann noch mit kleinen Post-its versehen, auf die du das jeweilige „Ablaufdatum" schreibst.

Pflegen

Das beste System taugt leider nichts, wenn man sich nicht regelmäßig darum kümmert. Aber keine Sorge: Mit dieser tollen Grundordnung musst du dafür nicht viel Zeit aufwenden. Leg einen Tag in der Woche oder im Monat fest, an dem du deinen Papierkram ordnest. Lege alle Unterlagen aufeinander und sortiere dann nach den Kriterien „Bearbeiten", „Abheften" und „Entsorgen". So behältst du ganz leicht den Überblick. Außerdem solltest du einmal im Jahr all deine Ordner durchgehen und schauen, ob du Unterlagen wegschmeißen kannst, weil ihre Aufbewahrungsfrist abgelaufen ist.

Tipp: Und was ist mit sentimentalem Papierkram wie alten Fotos, Liebesbriefen und Eintrittskarten? Du kannst sie entweder in einer schönen Erinnerungskiste sammeln oder in einem Bilderrahmen so richtig in Szene setzen.

KRIMSKRAMS

Besitzt du auch eine Kram-Schublade? Oder ein vermeintliches Schlüssel-Schälchen neben der Tür, in dem alles Platz findet außer deinen Schlüsseln? Manchmal ist es dieser Kleinkram, der das Ausmisten am schwiersten macht. Ich kenne das. Gerade wenn ich auf Messen oder Meet-ups war, komme ich häufig mit unzähligen Pröbchen, Flyern und Visitenkarten nach Hause. Die Verlockung ist groß, alles einfach irgendwo abzulegen und sich nicht mehr damit auseinanderzusetzen. Aber auch diese kleinen Sachen machen schnell viel Unordnung, und genau das wollen wir ja vermeiden. Dabei helfen zwei Ansätze: Jedem Ding sein Zuhause geben und hin und wieder auch mal Nein sagen. Unten findest du einige Beispiele, wie ich das manage.

Batterien
Ich weiß gar nicht, woher sie kommen, aber bei mir liegen ständig irgendwo Batterien herum. Da hilft nur: Ausprobieren, ob sie leer sind, und im Zweifelsfall direkt entsorgen. Bitte nicht in den Hausmüll tun – in Supermärkten gibt es dafür meistens eine Kiste. Volle und neue Batterien lagere ich hingegen in einer Kiste in einer Küchenschublade.

Büroklammern
Büroklammern verteilen sich – unerklärlicherweise – immer in der ganzen Wohnung. Deswegen habe ich ein kleines Glas in meiner Schreibtischschublade, wo ich sie sammle. Vielleicht finden sie irgendwann von allein den Weg nach Hause?

Flyer und Prospekte
Diesen unnötigen Papierkram kann man problemlos umgehen, indem man sich ein „Bitte keine Werbung"-Schild an den Briefkasten klebt. Schon reduziert sich dieser Müll drastisch. Möchtest du dennoch den Flyer deines Lieblingslieferdiensts behalten, dann befestige ihn doch einfach mit einem Magneten an der

Seite deines Kühlschranks – fertig! Flyer, die ich tatsächlich noch für ein To-do benötige, sammle ich in einem gesonderten Ordner.

Haarklammern und Haargummis
Wirklich jede Frau kennt dieses Problem: Du kaufst dir eine neue Packung Haarklammern oder Haargummis. Alles ist super, aber von einem Tag auf den anderen sind fast alle verschwunden und du hütest dein letztes Haargummi wie deinen Augapfel. Damit das nicht mehr passiert, sammle ich diese kleinen Haaraccessoires in einem kleinen Glas, das in meinem Bad steht. Dann sehe ich auch sofort, wenn Nachschub notwendig ist.

Haushaltsgummis
Hier gilt für mich: da lagern, wo sie gebraucht werden. Deswegen habe ich hierfür eine kleine Schachtel in der Küche vorgesehen. So habe ich immer eins zur Hand, wenn ich es brauche.

Münzen in anderen Währungen

Du kommst aus dem Urlaub zurück und hast noch immer Kleingeld in anderen Währungen in der Tasche. Wohin damit? Scheine kannst du später bei deiner Hausbank umtauschen. Kleingeld solltest du hingegen direkt am Flughafen spenden. Häufig findest du dort durchsichtige Spendensäulen, in die du jede Währung einwerfen kannst. Das gesammelte Geld kommt dann einem wohltätigen Zweck zugute.

Pröbchen

Anders als sinnlose Werbegeschenke kann man Pröbchen wirklich nutzen – man sollte es nur gleich tun, damit sie nicht ewig rumliegen. Ich bewahre Pröbchen in einer kleinen Schachtel im Bad auf.

Streichhölzer und Feuerzeuge

Auch diese Helferlein scheinen sich von allein zu vermehren. Wie machen die das bloß? Statt sie einfach in einer Schublade verschwinden zu lassen, lege ich sie direkt zu meinen Kerzen. Dann mache ich es mir nämlich viel häufiger bei Kerzenschein gemütlich, weil ich nicht erst lange nach einem Feuerzeug suchen muss.

Werbegeschenke

Ich bekomme auf Veranstaltungen so oft kleine Werbegeschenke wie Kugelschreiber oder Schlüsselanhänger in die Hand gedrückt. In den seltensten Fällen kann ich die wirklich brauchen und werfe sie dann irgendwann weg. Das Cleverste ist es in solchen Fällen, sich freundlich zu bedanken und die Geschenke einfach abzulehnen. So muss man sich zu Hause nicht damit auseinandersetzen.

Kleine Veränderung, große Wirkung

Alles ist an seinem Platz, und es sieht ordentlicher aus als jemals zuvor. Aber etwas fehlt noch, oder? Irgendwie ist deine Wohnung noch nicht besonders gemütlich, und es fehlt ihr an Charakter. Kennst du den Spruch „Der Teufel liegt im Detail"? Denn genau hierauf kommt es jetzt an. Ich finde, es sind die vermeintlichen Kleinigkeiten, die eine Wohnung zu einem Unikat machen. Gerade dabei kommt es sehr auf den persönlichen Geschmack an. Magst du es bunt und fröhlich oder lieber minimalistisch und ruhig? Schau dich immer wieder nach Inspirationen um, wie du deine Umgebung weiter verschönern kannst. Erstelle beispielsweise ein Pinterest-Board und sammle dort all die Bilder, die dich inspirieren. Lauf mit offenen Augen durch die Welt und fotografiere alles, was dich anspricht. So entwickelt sich nach und nach dein eigener Stil. Aber sei dir auch bewusst, dass dein Geschmack sich ändern kann. Was du heute richtig toll findest, gefällt dir vielleicht in einem Jahr überhaupt nicht mehr. Es kann immer passieren, dass du dich irgendwann an etwas sattsiehst und eine Veränderung brauchst. Aber keine Sorge, dafür musst du dich weder in große Unkosten stürzen noch richtig viel Arbeit investieren. Ich habe für dich ein paar Ideen gesammelt, wie du mit kleinen Handgriffen große Veränderungen bewirken kannst.

Streichen

Der alte Holzschrank passt nicht zu deinem weißen, minimalistischen Design und muss deswegen weg? Warte noch! Mit einem Topf Farbe kannst du das schnell ändern. Es ist wirklich erstaunlich, welchen Unterschied es machen kann, Möbel neu zu lackieren. In einem frischen Weiß fügt er sich gleich besser ein. Schon hast du einem Teil, das du zuerst wegschmeißen wolltest, neues Leben eingehaucht.

Folieren

Falls Pinsel und Farbe nicht dein Ding sind, kannst du dir auch mit Folie behelfen und so alten Möbeln neuen Glanz verleihen. Gerade auf sehr ebenen Flächen wie Schranktüren oder Schreibtischen lassen sie sich einfach aufbringen und zaubern einen vollkommen anderen Look. Außerdem gibt es Folien in wirklich allen Farben und Mustern – der Fantasie sind also keine Grenzen gesetzt.

Griffe oder Füße wechseln

Bei günstigen Möbeln werden häufig einfache Plastikgriffe mitgeliefert, die das Ganze dann ein bisschen billig aussehen lassen. Aber solche Dinge kannst du ganz einfach austauschen und schicke Griffe – oder auch Füße – anbringen, die hochwertiger aussehen und zu deinem Stil passen.

Farbsprays

Falls du nicht in neue Griffe investieren möchtest, kannst du dir auch einfach Farbsprays im Baumarkt besorgen. Diese gibt es in allen erdenklichen Farben, und sie sind ganz einfach anzuwenden. Ich benutze gern Goldsprays, weil sie allem einen edlen Look verleihen – Griffe, Regale, Blumentöpfe und Bilderrahmen erhalten damit einen luxuriösen Glanz.

Washi-Tape

Washi-Tapes sind so vielseitig – es erstaunt mich immer wieder. Und weil sie sich vollkommen spurlos entfernen lassen, sind sie perfekt dafür geeignet, einfach mal etwas Neues auszuprobieren. Wie wäre es mit grafischen Mustern auf einer Tür oder kreativen Regalwänden mit bunten Streifen? Falls es dir nicht gefällt, kannst du das Washi-Tape jederzeit wieder entfernen.

Bilder und Kunstdrucke

Weiße Wände können schnell ziemlich langweilig aussehen. Aber das muss nicht sein. Es gibt heutzutage so viele schöne, moderne und bezahlbare Kunstdrucke, dass wirklich für jeden etwas dabei ist. Wenn du ein Auge für Fotografie hast, kannst du natürlich auch deine eigenen Fotos aufhängen – und Bilder oder Fotos einfach austauschen, sobald du Lust auf etwas Neues hast.

Pflanzen und Blumen

Etwas Grünes lässt einen Raum – sprichwörtlich – erst so richtig aufblühen. Deswegen findest du bei mir in jeder Ecke schöne Grünpflanzen oder auch frische Schnittblumen. Sie machen meine Wohnung gleich viel lebendiger und wohnlicher. Auf Seite 61 findest du meine liebsten Zimmerpflanzen. Vielleicht ist auch für dich etwas dabei.

UPSTAIRS AND DOWNSTAIRS

Deine Wohnung ist jetzt ein absoluter Wohlfühlplatz, aber wie sieht es eigentlich in deinen Abstellräumen aus, in deinem Keller, auf dem Dachboden, in der Garage? Geht da die Tür kaum noch auf, weil du dort alles zwischengelagert hast, das erst mal aus deiner Wohnung rausmusste? Dann machen wir uns doch jetzt ans Werk, auch hier Ordnung zu schaffen.

Weg mit dem Müll

Gerade im Keller lagert sich vieles an, das eigentlich nicht mehr gebraucht wird. Zuerst denkt man: „Ich stell das nur kurz hier ab und kümmere mich später drum." Und plötzlich steht es seit zwei Jahren dort, ohne dass du es jemals wieder angeschaut hast. Solche Sachen können ganz sicher weg. Außerdem sammelt man dort gern anderen Müll wie eingetrocknete Farbdosen oder alte Kabel, die zur Mülldeponie müssten. Kümmere dich zuerst um diese Sachen. So schaffst du Platz, den du später brauchst. Anders als einen Kleiderschrank kann man einen Keller bzw. Dachboden eben nicht einfach leer räumen.

Stauraum schaffen

Egal, wie viel Platz du vielleicht hast – auch in Lagerräumen brauchst du ein vernünftiges Ordnungssystem, wenn du nicht den Überblick verlieren möchtest. Allerdings muss es nicht ganz so schick aussehen wie in der Wohnung. Deswegen bieten sich Lastenregale an, die du am besten an der Wand festschraubst. Um die Raumhöhe richtig auszunutzen, kannst du auch Hängeregale montieren oder Schienen an der Decke befestigen, an denen du Kisten aufhängst. Mit einfachen Haken lassen sich Gartengeräte oder Fahrräder an der Wand anbringen. Solltest du in Flussnähe wohnen: Falls du doch etwas auf dem Kellerboden stehend lagern willst, stell es am besten auf Europaletten, da bei Kellern die Überflutungsgefahr recht hoch ist. So schwimmen dir deine Kisten nicht weg.

Richtig lagern

Statt einfache Pappkartons zu nutzen, lohnt es sich vor allem für feuchte Kellerräume, in etwas hochwertigere, durchsichtige Kunststoff-Boxen zu investieren. Diese halten Staub und modrige Gerüche fern. Das gilt besonders für Kleidung und andere Textilien sowie für Papier. Die sollten alle in luftdichtem Plastik verpackt sein, sonst besteht Schimmel- und Mottengefahr! Aber nachdem du deinen Kleider- und Aktenschrank organisiert hast, ist dort bestimmt genug Platz, und du musst gar nicht auf den Keller ausweichen, oder?

Beschrifte alle Kisten so, dass du jederzeit genau weißt, was sich darin befindet: „Weihnachtsdeko", „Raclettegrill", „Steuerunterlagen 2016–2017". Räume schwere Kisten nach unten und leichte nach oben. Das, was du häufig brauchst, solltest du natürlich zugänglich lagern. Versuche deswegen, Kisten nicht zu stapeln. Sonst kannst du sie nicht gut erreichen und nutzt deren Inhalt zwangsläufig seltener. Versuche auch, etwas Platz in deinen Regalen zu lassen. Keller und Dachböden sind als Stauraum gedacht. Wenn sie komplett voll sind, kannst du dort nichts anderes mehr einlagern.

Ordnung halten

Lagerräume sind alles andere als gemütlich. Entsprechend ungern setzen wir uns damit auseinander. Du kannst dich aber dazu motivieren, indem du diese Räume etwas ansprechender gestaltest. Dabei ist Licht sehr wichtig. Häufig hängt nur eine einzelne schwache Glühbirne von der Decke, die gerade mal den Eingangsbereich beleuchtet. Natürlich läuft man dann nicht in die dunklen Ecken, um dort etwas zu holen. Sorg also für mehr Licht, zum Beispiel mit einer Baustellenlampe. Die neue Beleuchtung lässt den Raum auch gleich viel freundlicher aussehen.

Damit es auch so bleibt, solltest du den Keller oder Dachboden einmal pro Jahr ausmisten und aufräumen. Alles, was du in der Zeit nicht gebraucht hast, kannst du direkt entsorgen. So staut sich nichts mehr an, und du findest deinen Raclettegrill pünktlich zur Silvesterparty.

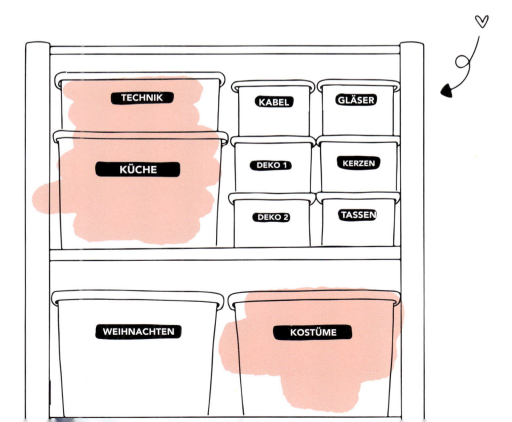

Durchs ganze Jahr

Weil ich eine leidenschaftliche Gemütlichkeits-Fanatikerin bin, habe ich in den nächsten Kapiteln allerhand Inspirationen für dich gesammelt, wie du deine Wohnung und dein Leben verschönern kannst. Ich begleite dich dabei einmal durch das komplette Jahr und hole mit dir gemeinsam das Beste aus jeder Jahreszeit heraus. Von cleveren DIYs und leckeren Rezepten über Tipps und Tricks im Alltag bis hin zu schicken Styling-Ideen ist alles dabei, was dein Jahr schöner macht.

Im Frühling gibt es einige tolle DIYs, die deinen Alltag vereinfachen. Außerdem steht die Hochzeitssaison an! Egal, ob du selbst heiratest, Brautjungfer für eine Freundin bist oder einfach nur eine nette Überraschung für das glückliche Paar suchst – hier gibt's die richtigen Antworten auf deine Fragen. Außerdem lassen wir uns von den ersten Frühlingsblühern inspirieren und beschäftigen uns mit allem rund um Pflanzen.

Im Sommer geht es vor allem um eines: um den wohlverdienten Urlaub! Deswegen bekommst du von mir fertige Packlisten für verschiedene Urlaube, hilfreiche Pack-Hacks und inspirierende Tipps, was du anschließend mit deinen hoffentlich wunderschönen Urlaubsfotos machen kannst. Aber auch wenn du zu Hause bleibst, wird dein Sommer spannend: Mit leckeren Rezepten und coolen DIYs machst du jeden Abend auf dem Balkon zu einem Urlaubstag.

Im Herbst fangen wir schon mal an, es uns zu Hause gemütlich zu machen. Also basteln wir, was das Zeug hält, und erklären Hygge zu unserem Lebensstil. Bei den ersten kuscheligen Fernsehabenden auf dem Sofa dürfen leckere Snacks nicht fehlen. Auch der perfekte Kuchen für den nächsten Kaffeeklatsch ist am Start – denn Apfelkuchen ist für mich der einzig richtige Start in die kalte Jahreszeit.

Im Winter dreht sich natürlich alles um Weihnachten – das ist einfach die schönste Zeit des Jahres. Und mit meinen Inspirationen wird sie hoffentlich noch schöner. Von Geschenkideen bis zu wohligen Selfcare-Tipps ist alles dabei, um gegen Schneegestöber und Weihnachtsstress gerüstet zu sein.

Ich freue mich schon darauf, mit dir ins Jahr zu starten, und wünsche dir viel Spaß.

Kapitel 2

Frühling

Meine Bucket List

- ☐ Frühjahrsputz
- ☐ Pediküre
- ☐ einen neuen Haarschnitt wagen
- ☐ den Balkon oder Garten aufräumen und schön machen
- ☐ Blumen pflanzen
- ☐ Schränke sortieren und ausmisten
- ☐ ein Zimmer umgestalten
- ☐ einen Markt besuchen und frisches Obst, Gemüse sowie Blumen kaufen
- ☐ ein Tulpenfeld besuchen
- ☐ ein Osterfrühstück veranstalten
- ☐ Ostereier bemalen und an Weidenkätzchenäste hängen
- ☐ mit einem Paddelboot fahren
- ☐ selbstgemachte Limonade trinken

- [ ] das Fahrrad aufpumpen
- [ ] einen Blumenkranz binden
- [ ] tanzen
- [ ] ein Tierheim besuchen
- [ ] vom Vogelgezwitscher aufwachen
- [ ] eine Leinwand bemalen
- [ ] einen Wildkräutersalat zubereiten
- [ ] einen Spaziergang im Regen mit Gummistiefeln machen
- [ ] eine Partie Minigolf mit Freunden spielen
- [ ] das Auto säubern
- [ ] einen Fünf-Kilometer-Lauf machen
- [ ] Tischtennis oder Badminton im Park spielen
- [ ] einen Aprilscherz machen
- [ ] mit Inlineskates fahren
- [ ] die eigene Mutter zum Muttertag überraschen
- [ ] einen Flohmarkt besuchen

Schlüssel bemalen

DEINE SCHLÜSSEL ZUM GLÜCK

Stehst du auch hin und wieder vor verschlossener Tür, weil du deinen Schlüsselbund vergessen, vertauscht oder – schlimmer noch – verloren hast? Oder probierst du beim Türöffnen immer wieder unzählige, scheinbar vollkommen identisch aussehende Schlüssel, bis endlich der richtige passt? Mit diesem einfachen und schnellen Hack sind die Zeiten des nervigen Schlüsselsuchens endgültig vorbei.

Das brauchst du:

◆ Zahnspangen-Reinigungstab
◆ Schüssel mit warmem Wasser
◆ alte Zahnbürste
◆ Ringaufbewahrungsschachtel oder ein Stück Styropor
◆ evtl. eine Unterlage
◆ bunter Nagellack in verschiedenen Farben
◆ Klarlack oder Top Coat
◆ evtl. Zahnstocher, Nagelsticker, Glitzerlack
◆ Schlüssel aller Art

SO GEHT'S:

Bevor es ans Lackieren geht, solltest du deine Schlüssel ordentlich reinigen, damit der Lack anschließend gut haftet. Mach dafür deine Schlüssel vom Bund ab und lege sie zusammen mit dem Reinigungstab in das warme Wasser. Lass sie für etwa 10 Minuten einweichen. Nun kannst du sie mit der Bürste sauber schrubben, mit klarem Wasser abspülen und gut abtrocknen. Um deine Arbeitsfläche zu schonen, verwende am besten eine Unterlage.

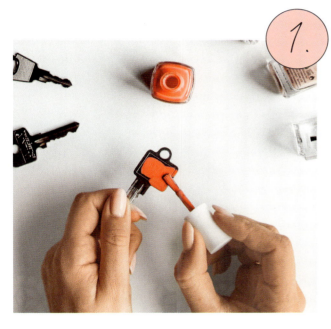

2. Nun kannst du entweder eine zweite Schicht Lack auftragen, falls du eine intensivere Farbe möchtest, oder mit einer weiteren Farbe bunte Muster gestalten, zum Beispiel Punkte, Blumen oder Streifen. Auch Glitzerlack sieht richtig süß aus.

3. Lass danach alle Schlüssel für mehrere Stunden gut trocknen. Stecke sie dafür z. B. aufrecht in ein Schmuckkästchen. Fertig sind deine Schlüssel zum Glück!

1. Jetzt kommt schon die erste Schicht. Achte darauf, dass du nur den Kopf des Schlüssels bemalst, nicht den Schaft. Andernfalls bekommst du den Schlüssel später vielleicht nicht mehr ins Schloss. Lass den Lack gut trocknen.

Tipp: Es sieht auch cool aus, wenn du nur einen Teil des Schlüssels farbig anmalst, zum Beispiel in Form eines Dreiecks oder Streifens. Klebe dafür einfach die Flächen, die farbfrei bleiben sollen, mit Kreppband ab.

Kabelsalat ade!

Handy, Laptop, Kopfhörer, Tablet … Jedes Gerät hat sein eigenes Ladekabel, aber wenn du das richtige brauchst, ist es nie da. Deswegen gebe ich dir hier ein paar Tipps, wie du deinem eigenen Kabelsalat einfach Herr wirst. Ich benutze sehr gern Washi-Tape zum Basteln, denn das gibt es in allen erdenklichen Größen und Farben sowie mit tollen Mustern. Es haftet auf allen Untergründen, lässt sich aber spurlos wieder entfernen. Die meisten Tapes kannst du per Hand reißen und mit normalen Stiften beschriften. Sie eignen sich also perfekt, um den Kabelsalat in den Griff zu bekommen.

Das brauchst du:

- Kabel aller Art
- Washi-Tape in verschiedenen Farben
- leere Klopapierrollen
- Kiste
- Lappen
- Schere
- Stift

IDEE 1: KABEL MARKIEREN

Du kannst deine Kabel ganz einfach mit Washi-Tape markieren. So vertauschst du sie nie mehr mit denen deiner Mitbewohner oder Familienmitglieder. Wische dafür dein Kabel mit einem nebelfeuchten Lappen sauber, so-

dass das Tape gut haftet. Wenn es getrocknet ist, kannst du das Washi-Tape einfach um die Stecker wickeln und mit der Schere eine saubere Kante schneiden. Du kannst nun noch aus einem anderen Tape einen kleinen Wimpel basteln und deinen Namen daraufschreiben. So kommt es garantiert nicht mehr zu Verwechslungen.

IDEE 2: KABEL RICHTIG LAGERN

Die mit einem Washi-Tape-Wimpel versehenen Kabel beschriften, anschließend einzeln aufrollen und in die Klopapierrollen stecken. Die Rollen einfach aufrecht in die Kiste stellen und oben deine Fähnchen rausschauen lassen: So hast du einen tollen Überblick über alle Kabel. Fertig ist die chaosfreie Kabel-Aufbewahrung!

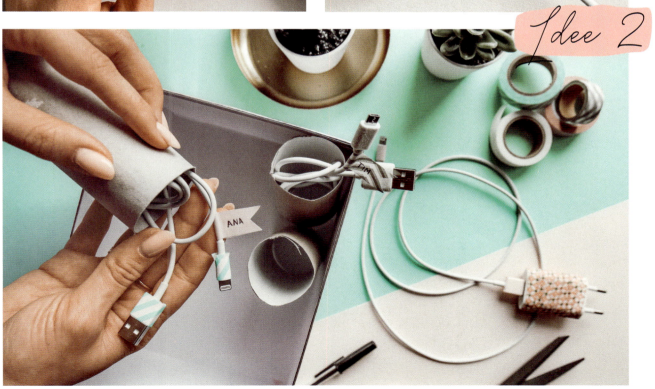

49

Wedding Wands

EIN ZAUBERHAFTER HOCHZEITS-BRAUCH

Eine Hochzeit steht an, und du suchst nach einer schönen Alternative zum bisher üblichen Blumenstreuen bzw. Reis- oder Konfettiwerfen? Das ist nicht immer eine freiwillige Entscheidung. Denn: Immer mehr Hochzeits-Locations verbieten diese Traditionen ganz oder machen das lästige Aufräumen danach zur Pflicht. Gerade auf Letzteres verzichtet man bei einem so einzigartigen Event gerne.

Was also tun? Womit gestaltet man den Auszug des frischgebackenen Ehepaars mindestens genauso festlich? Die Antwort auf diese Frage lautet: Wedding Wands. Was das heißt, woher das kommt, und was das genau bedeutet? Wedding Wands kann man ins Deutsche übersetzen mit „Hochzeitszauberstäbe" oder „Glücksstäbe". Dieser Brauch stammt aus den USA und wird auch hierzulande immer beliebter. Mit diesen supersüßen Wedding Wands heißt man die Frischvermählten auch ohne Blumen, Reis oder Konfetti willkommen. Sie sollen dem Brautpaar Glück bringen. Mit ihren Bändern sind sie nicht nur ein echter Hingucker, sondern sorgen durch den Klang ihrer Glöckchen garantiert für Gänsehaut. Nebenbei eignen sich die schönen Wands auch bei der anschließenden Feier als tolle Hochzeitsdeko.

Wedding Wands können sehr unterschiedlich aussehen. Die Auswahl an Bändchen ist enorm! Hier kannst du deiner Fantasie freien Lauf lassen.

Da du einen Wedding Wand pro Gast vorbereiten solltest, einfach die unten stehenden Mengen, was Stäbe, Bänder und Glöckchen angeht, an die Gästezahl anpassen. Falls du besonders viele Gäste erwartest, kannst du für diese Bastel-Session am besten ein paar Freundinnen einladen. Zusammen macht es gleich doppelt so viel Spaß. Außerdem gibt es im Vorfeld einer Hochzeit immer viel zu planen, überlegen und besprechen. In wel-

Das brauchst du:

- Holzstab (Ø ca. 6 mm, Länge ca. 30 cm)
- Glöckchen
- verschiedene Bänder (z. B. aus Spitze, Seide oder Organza)
- evtl. weitere Deko (z. B. Geschenkanhänger oder Stickerpapier)
- evtl. Säge und Schleifpapier
- evtl. Feuerzeug
- evtl. Heißklebepistole
- evtl. Schere
- evtl. Stift

chem Rahmen wäre das einfacher und schöner als bei einem netten DIY-Event im Freundinnenkreis? Feiert den Anlass und eure Freundschaft! Lasst also die Sektkorken knallen, und los geht's.

SO GEHT'S!

1. Zwei bis drei unterschiedliche, aber zueinander-passende Bänder in den Hochzeitsfarben ergeben später ein schönes Bild. Damit die Wands schön voluminös wirken, schneidest du die Bänder auf unterschiedliche Längen zu. Wichtig ist, dass das kürzeste nicht zu kurz ist und absteht. Die Schnitt-kanten von Kunststoffbändern kannst du vorsichtig mit einem Feuerzeug versiegeln, so fransen sie spä-ter nicht aus. Brennbare Materialien wie Baumwolle kannst du einfach verknoten, wenn du möchtest.

2. Das schmalste Band beiseitelegen. Jeweils ein Ende der anderen Bänder zusammenlegen und diese Bänder an einem Ende des Holzstabs fest-knoten. Damit deine Bänder nicht verrutschen, kannst du sie mit etwas Heißkleber fixieren.

3. Das Glöckchen fädelst du auf das schmalste Band und knotest es an einem Bandende fest.

3.

Du kannst die Wedding Wands zum Beispiel vor der Trauung auf den Stühlen verteilen, als hübsche Deko in Säckchen an die Kirchenbänke hängen oder in Vasen in den Eingangsbereich der Trauungs-Location stellen, sodass jeder Gast bereits vor dem Auszug seinen Glücksstab hat. Damit steht wunderschönen Hochzeitsbildern nichts mehr im Weg. Bei der späteren Feier können die bunten Stäbe erneut zum Einsatz kommen und den Hochzeitstanz oder den Torteneinzug begleiten. In hohen Gläsern drapiert schmücken sie aber auch die Candy Bar oder eignen sich als Tischdeko. Und nicht zuletzt hast du bestimmt von dem Brauch gehört, dass Braut und Bräutigam sich jedes Mal küssen dürfen, wenn irgendwo ein Glöckchen läutet. Damit haben die Gäste bestimmt ihren Spaß.

4. Jetzt das schmalste Band oberhalb der übrigen Bänder am Stab mit einem Knoten fixieren, sodass sich das Glöckchen am oberen Ende des Stabs befindet.

Deine Wedding Wands kannst du individualisieren, indem du beispielsweise jeweils einen Geschenkanhänger oder einen Sticker anbringst. Wenn du Stickerpapier benutzen möchtest, schneidest du es zuerst auf die richtige Größe und Form zu. Bedenke dabei, dass du das Papier später doppelt legen musst. Beschrifte den Aufkleber nun mit einem Text deiner Wahl, zum Beispiel mit eurem Namen und dem Hochzeitsdatum oder einem zum Anlass passenden Wort wie „Hooray". Anschließend kannst du den Sticker am oberen Ende deines Wedding Wands befestigen.

Tipp: Du kannst die Wedding Wands auch als kleines Gastgeschenk verwenden. Dafür versiehst du einfach jeden Stab mit dem Namen eines Gasts. Eine wirklich schöne Erinnerung an diesen Tag der Tage!

Let Love Grow

BLUMIGE GASTGESCHENKE FÜR HOCHZEITSGÄSTE

Wusstest du, dass Lavendel in Irland schon seit Jahrhunderten als Glücksbringer gilt? Da wird es doch Zeit, dass wir uns auch ein bisschen Glück sichern! Mit diesem einfachen, aber schönen Gastgeschenk gelingt das auf jeden Fall. Und der beruhigende Duft von Lavendel ist auch für aufgeregte Brautpaare genau das Richtige.

Das brauchst du:

- Reagenzgläschen mit Korken
- Lavendelsamen
- getrockneter Lavendel
- Erde
- Geschenkband, Kordel etc.
- Kraftpapier und Stanzer oder Geschenkanhänger
- Schere
- Stempelset, Sticker und/oder Stifte

SO GEHT'S:

Passe die Mengen von Reagenzgläschen, Samen, getrocknetem Lavendel und Geschenkanhängern an die Zahl der Gäste an. Du kannst natürlich auch die Samen deiner Lieblingsblume oder -pflanze nehmen.

Tipp: Lavendelsamen, getrockneten Lavendel und Reagenzgläschen kannst du unkompliziert in größeren Mengen im Internet oder Gartencenter kaufen.

1. Befülle jedes Reagenzgläschen mit Erde und Lavendelsamen und verschließe es gut mit dem Korken. Kürze je Gastgeschenk ein oder zwei getrocknete Lavendelstiele in etwa auf die Länge des Reagenzglases und knote sie mit einem zugeschnittenen Band oder Kordel-Band-Mix am Glas fest.

2. Gut dazu passen ausgestanzte Geschenkanhänger aus Kraftpapier oder aber fertige Geschenkanhänger. Egal, wofür du dich entscheidest, verleih den Geschenkanhängern eine individuelle Note,

indem du sie mit einem hübschen Stempel oder einem persönlichen Schriftzug versiehst. Wenn du den Namen deines Gasts auf den Anhänger schreibst, kannst du das Geschenk auch gleich als Platzkärtchen verwenden. Fädele nun noch den Geschenkanhänger auf, und fertig ist das duftende Geschenk.

Tipps fürs Anpflanzen von Lavendel:
Lavendel sollte man erst aussäen, wenn nachts keine kalten Temperaturen mehr zu erwarten sind: idealerweise ab Ende Mai. Sonst können die Pflänzchen erfrieren. Alternativ kann man Lavendel auch drinnen auf einer sonnigen Fensterbank ziehen. Lavendel mag am liebsten gut bearbeiteten, sogenannten humosen Boden und viel Sonne. Streue die Samen nicht zu eng, die Wurzeln brauchen sehr viel Platz. Die Samen sollten nur ganz leicht mit Erde bedeckt sein. Die ersten Triebe zeigen sich schon nach 2 bis 4 Wochen, bis zur ersten Ernte dauert es jedoch länger. Dafür sind die meisten Lavendelsorten aber mehrjährig. Wenn die Aussaat deiner Lavendelsamen bei deinen Gästen geklappt hat, können sie sich auch im nächsten Jahr noch über ihr Geschenk freuen.

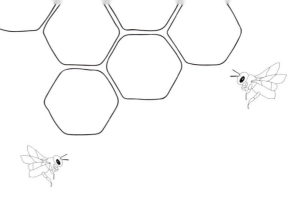

SÜSSE GASTGESCHENKE FÜR HOCH-ZEITSGÄSTE

Marmelade als Gastgeschenk kennen wir alle. Aber wie wäre es mal mit Honig? Der ist nicht nur gesund, sondern schmeckt auch richtig lecker. Als Gastgeschenk bei einer Hochzeit passt das flüssige Gold besonders gut. Warum? Dafür gibt es gleich mehrere gute Gründe. Allen voran: Bekanntlich geht Liebe ja durch den Magen. Zudem verdirbt Honig so gut wie nicht. Richtig gepflegt bzw. gelagert – nämlich dunkel, trocken und kühl – hält er fast ewig: wie die wahre Liebe. Das Tollste an diesem wunderschönen DIY-Gastgeschenk: Es ist ganz schnell selbst gemacht und kann superleicht individualisiert werden.

Das brauchst du:

- kleine Gläschen mit Deckel
- Kraftpapieraufkleber und Stanzer oder Geschenkanhänger
- Kordel, Geschenkband etc.
- Stempelset, Sticker und/oder Stifte
- Honig
- Heißklebepistole

SO GEHT'S:

Passe die Mengen von Gläschen, Honig, Aufklebern, Kordel und/oder Geschenkband an die Zahl der Gäste an. Bevor es losgeht, solltest du alle Gläschen und Deckel kurz auskochen, um mögliche Verunreinigungen zu entfernen. Denn nur dann hält sich der Honig anschließend auch lange. Trockne danach alles gut ab.

1. Einfach den Honig in die Gläschen füllen. Am besten geht das mit Honig aus einer Quetschflasche, du kannst aber auch flüssigen Honig aus dem Glas nehmen. Schraub dann die Deckel fest zu, damit nichts ausläuft. Vakuumieren musst du Honig übrigens nicht – anders als Marmelade –, weil er von sich aus sehr lange haltbar ist.

2. Jetzt darfst du deine Gläschen noch verzieren. Ich habe mich hier für ausgestanzte Aufkleber aus Kraftpapier mit hübschen Sprüchen entschieden. Stanze dafür die entsprechende Anzahl an Papierkreisen für die Gläschen aus. Du kannst sie dann entweder mit

einem Stempel oder einem schönen Handlettering verzieren, beispielsweise mit dem Namen deines jeweiligen Gasts und dem Datum. Sehr praktisch sind auch Sticker mit Schriftzügen wie „Hochzeit", die einem das Verzieren etwas erleichtern. Fixiere die Aufkleber mittig auf dem Glas oder auf dem Deckel. Zum Schluss binde ich noch eine passende Kordel und/oder ein hübsches Band um das Glas. Statt des Aufklebers kannst du auch einen schönen Geschenkanhänger auf das Band fädeln. Fertig ist dein zuckersüßes Gastgeschenk!

Tipp: Wusstest du, dass du Akazienhonig als Lippenpflege nutzen kannst? Tupfe einfach ein bisschen auf deine Lippen und lasse ihn 15 Minuten einziehen. Danach einfach ablecken! Jetzt sind deine Lippen geschmeidig und bereit zum Küssen. Ein echter Lifehack gerade in der nasskalten Jahreszeit, wenn die Lippen gerne mal spröde und rissig sind.

Avocadobaum ziehen

WEICHE SCHALE, HARTER KERN

Ich liebe Avocados – egal, ob auf Toast, im Salat oder als Dip. Sie sind richtig gesund und total lecker. Übrig bleiben aber immer die Kerne! Dabei kann man daraus wunderhübsche Avocadopflanzen ziehen. Dass sie ohne Bestäubung keine Früchte tragen, tut dem Ganzen keinen Abbruch. Sie sehen trotzdem superschön aus.

Das brauchst du:

- Kern einer reifen Avocado
- 4 Holzspieße
- Glas mit Wasser

Tipp: Am besten eignet sich der Kern einer möglichst reifen Frucht. Wenn deine Avocado also schon ein bisschen bräunlich ist, hast du damit fürs Anpflanzen den Jackpot erwischt.

SO GEHT'S:

1. Wasche den Kern gründlich, entferne mögliche Fruchtfleischreste und trockne ihn gut ab. Stecke nun die Holzspieße mit der spitzen Seite jeweils gegenüberliegend oben und unten sowie rechts und links in den Kern. Wichtig: Nicht zu tief hineindrücken und drauf achten, dass du den Kern nicht aufspaltest, denn sonst kann er nicht mehr keimen.

Tipp: Je nach Größe des Glases die Holzspieße einfach kürzen.

2. Lege den Kern auf den Rand des Wasserglases, sodass er von den Holzspießen gehalten wird. Die untere Hälfte des Kerns sollte sich im Wasser befinden. Nun stellst du den Kern an einen möglichst warmen und dunklen Platz, bis er keimt. Das kann 4 bis 8 Wochen dauern, also nicht die Geduld verlieren. Wechsle regelmäßig das Wasser, damit dein Kern nicht schimmelt.

3. Sobald nach ein paar Monaten unten die Wurzeln und oben ein starker Trieb zu sehen sind, kannst du den Kern eintopfen. Nimm dafür einen mittelgroßen Blumentopf und fülle ihn mit lehmhaltiger Blumenerde. Setze den Kern ein, sodass nur seine untere Hälfte in der Erde steckt. Gieße ihn mit etwas Wasser.

Tipp: Avocadopflanzen mögen es warm, hell und feucht, aber zumindest in der Anzuchtphase nicht zu sonnig. Sobald die Pflanze älter und robuster ist, wähle ein schönes Plätzchen auf einer nach Süden ausgerichteten Fensterbank für sie.

AVOCADOS SELBST ZIEHEN?

Aber wieso trägt dein Avocadobaum keine Früchte? Bei der Avocado blühen die männlichen und weiblichen Blüten meistens nicht gleichzeitig, sodass dein Baum sich nicht selbst bestäuben kann. Klingt komisch, ist aber so! Dafür brauchst du zwei Pflanzen und eine große Portion Glück. Vermutlich musst du deine Avocados also weiterhin im Supermarkt kaufen. Die Pflanze sieht aber auch einfach ohne Früchte gut aus, oder nicht?

ES GRÜNT SO GRÜN …

Ich liebe Pflanzen. Sie sehen nicht nur schön aus, sondern filtern auch Schadstoffe aus unserer Luft und verbessern so das Raumklima. Träumst du auch von einem Wohnzimmerdschungel, aber weißt nicht, wo du anfangen sollst? Ich gebe dir ein paar Tipps, damit es mit dem grünen Daumen auch definitiv klappt.

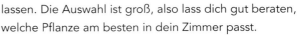

Hängepflanzen: Dein Fensterbrett ist schon voll? Dann wird es Zeit, deine Decke zu bepflanzen. Coole Hängepflanzen wie Erbsenpflanze, Zwergpfeffer oder Efeutute zeigen dir, wie toll es ist, sich einfach mal hängen zu lassen. Die Auswahl ist groß, also lass dich gut beraten, welche Pflanze am besten in dein Zimmer passt.

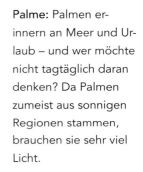

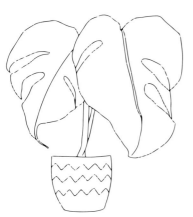

Monstera: Die Monstera feiert gerade ein Revival. Ihre großen, löchrigen Blätter geben ihr ein ganz exklusives Aussehen, dabei könnte die Pflege gar nicht einfacher sein. Eine Monstera kann auch problemlos mal ein paar Dürreperioden überstehen, ohne dass sie allzu viel leidet oder gleich ihre Blätter abwirft. Deswegen ist sie trotz ihrer Größe eine ideale Einstiegspflanze für alle Anfänger.

Palme: Palmen erinnern an Meer und Urlaub – und wer möchte nicht tagtäglich daran denken? Da Palmen zumeist aus sonnigen Regionen stammen, brauchen sie sehr viel Licht.

Pilea: Diese hübsche Pflanze hat zahlreiche Namen wie beispielsweise Ufopflanze, (Chinesischer) Geldbaum oder Glückstaler. Aber sie sieht nicht nur gut aus, sondern hat auch eine besonders luftreinigende Wirkung, und sie lässt sich ganz einfach vermehren. Perfekt für Anfänger!

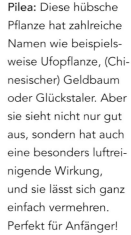

Sukkulenten und Kakteen: Sukkulenten haben sich ihren Platz in unseren Herzen und Wohnungen zurückerobert – und zwar verdient. Sie sind nicht nur genügsam, sondern Klassiker wie Geldbaum, Fetthenne oder Glücksfeder sehen supersüß aus, ohne uns zu piksen. Aber auch klassische Kakteen gelten schon längst nicht mehr als alte Staubfänger. Und das Beste: Die meisten Sukkulenten und Kakteen kommen mit ganz wenig Wasser aus und lassen sich auch von vergesslichen Gießern nicht unterkriegen.

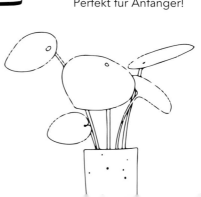

Tipp...

FÜR GLÜCKLICHE ZIMMER-PFLANZEN:

1. Kaufe Pflanzen am besten im Fachhandel, Gartencenter oder Baumarkt und lass dich gut beraten. Jede Pflanze hat andere Ansprüche, was Gießen, Licht, Düngen und Wärme angeht. Wenn du zum Beispiel ein Zimmer mit Nordblick hast, macht eine sonnenhungrige Palme dort wenig Sinn.

2. Starte am Anfang erst mal mit unkomplizierten Pflanzen. Wenn es mit denen gut funktioniert und sie einige Wochen überlebt haben, kannst du jederzeit pflegeintensivere Kollegen dazuholen.

3. Nach dem Kauf solltest du deine Pflanze am besten gleich abbrausen, wenn sie es verträgt. Zum einen entfernst du damit alle Pestizide, mit denen die Pflanze eventuell besprüht wurde. Zum anderen verringerst du so auch die Wahrscheinlichkeit, dass du dir mit der neuen Pflanze Ungeziefer in die Wohnung holst.

4. Lies nun das häufig beigefügte Etikett genau durch oder suche im Internet nach einer Pflegeanleitung für deinen neuen grünen Freund und versuche, dich daran zu halten. Damit du das regelmäßige Gießen oder Düngen nicht vergisst, trag es am besten in deinen Kalender ein.

5. Du musst übrigens keinen teuren Fertigdünger kaufen, damit deine Pflanzen sprießen und blühen. Einfache Hausmittel tun es oft auch: Zum Beispiel kannst du alten Kaffeesatz oder gebrauchte Teebeutel einfach über die Erde streuen. Wenn du deine Pflanzen dann noch hin und wieder mit abgekühltem Gemüsewasser gießt, fühlen sie sich pudelwohl.

6. Damit deine Pflanzen nicht verdursten, wenn du im Urlaub bist, kannst du einfach eine alte Plastikflasche zweckentfremden. Schneide den Boden ab, steche ein paar Löcher in den Deckel und stecke den Flaschenkopf in den Blumentopf. Nun kannst du von oben Wasser in die Flasche füllen, das dann nach und nach von der Erde aufgenommen wird.

Açai-Bowl

FRUCHTIGES SUPERFOOD

Açaíbeeren sind superlecker und total gesund – ein echtes Superfood eben. Was will man mehr? Aber was mir an diesem Rezept besonders gut gefällt: Diese süße Bowl kommt ohne industriellen Zucker aus, hält zudem lange satt und ist deswegen mein Favorit für einen ausgewogenen Start in den Tag. Schön dekoriert ist sie aber nicht nur gesund und schmeckt vorzüglich – sie ist auch ein wahrer Augenschmaus! Die schöne Farbzusammenstellung und die sichtbaren verschiedenen Texturen der Zutaten bringen mein Herz morgens in voller Vorfreude zum Hüpfen. Versuch es selbst. So einfach geht ein Glücklichermacher-Frühstück!

Das brauchst du:

- 200 g gefrorene Himbeeren
- 40 g Kokosmilch
- 2 getrocknete Datteln
- 1 Banane
- 2 EL Açaípulver
- 1 TL Honig

Toppings:

- 20 g Mandeln
- Himbeeren
- Gojibeeren
- 1–2 EL Chiasamen
- Kokoschips
- ½ Banane

SO GEHT'S:

Lass zuerst die Himbeeren leicht antauen, dann schmeckt deine Bowl gleich viel cremiger und du tust deinem Mixer einen Gefallen.

1. Die Mandeln, die du später als Topping benötigst, in einem leistungsstarken Standmixer grob zerkleinern und in ein Schälchen füllen.

2. Gib dann die Himbeeren und Kokosmilch, die Datteln und Banane, das Açaípulver sowie den Honig in den Mixer. Vielleicht musst du deinem Mixer etwas helfen, indem du die „sperrigeren" Zutaten einfach an den Mixerwänden mit einem Löffel nach unten drückst. Püriere alles zu einer cremigen Masse.

3. Nun kannst du das Püree in eine Schüssel füllen. Dann geht es ans Anrichten der Toppings. Ich habe alles in schöne Streifen gelegt, denn schließlich isst das Auge auch mit. Die halbe Banane dafür in mundgerechte Scheiben schneiden.

4. Jetzt kommt das Beste, denn es heißt: auslöffeln und genießen!

Tipp: Anstelle des Honigs kannst du auch mit veganem Agavendicksaft süßen. Dieses natürliche Süßungsmittel stammt aus Mexiko und wird aus Kakteen gewonnen.

UND DARUM IST ES SO GESUND:

Açaíbeeren:

Die Açaíbeere wächst im Amazonasgebiet und ist seit ein paar Jahren in unseren Reformhäusern, Drogerien und Supermärkten erhältlich. Es gibt sie dort als Pulver, Saft oder als gefrorenes Püree. Als Superfood hat sie sich einen Namen gemacht, weil sie über hunderttausend Antioxidantien enthält, die zu unserer Zellgesundheit beitragen. Damit läuft sie jedem anderen Lebensmittel den Rang ab.

Banane:

Bananen haben aufgrund ihres Zuckergehalts einen schlechten Ruf, den sie gar nicht verdient haben. Denn der enthaltene Zucker ist im Gegensatz zum Industriezucker sehr gesund und die gelieferte Energie hält lange vor. Außerdem bringen sie gleich eine gute Portion Kalium und Magnesium mit.

Chiasamen:

Die kleinen, runden Samenkörner haben es in sich: Sie liefern nicht nur wichtige Ballaststoffe, sondern auch

eine ordentliche Portion Omega-3-Fettsäuren. Diese steigern bekanntlich die Konzentrationsfähigkeit und die Gedächtnisleistung. Und das können wir frühmorgens doch alle brauchen.

Datteln:
Diese gesunde, natürliche Süßigkeit darf in einer leckeren Bowl nicht fehlen. Datteln stecken voller Mineralien und Vitamine (allen voran A und B) und liefern morgens eine wichtige Portion Ballaststoffe.

Gojibeeren:
Die kleinen roten Früchtchen aus China haben die Welt im Sturm erobert. Gojibeeren liefern dir hochwertige Nährstoffe, Antioxidantien und Eisen.

Himbeeren:
Unsere heimische Himbeere ist ein absolutes Vitamin-C-Wunder und enthält zudem noch viele weitere wichtige Nährstoffe und sekundäre Pflanzenstoffe. Mit den angegebenen 200 g deckst du bereits 50 Prozent deines täglichen Bedarfs an Vitamin C.

Honig:
Auch Honig ist eine Antioxidantien-Bombe, die entzündungshemmend wirkt und in der kalten Jahreszeit deswegen gerne mal in meinem Tee landet. Kaufe aber möglichst hochwertigen Honig aus lokalem Anbau. Dieser ist nährstoffreicher als der stark verarbeitete aus dem Supermarkt.

Kokoschips:
Bekannt als Low-Carb-Snack sind die knusprigen Chips mit natürlicher Fruchtsüße außerdem reich an Mineralien. Sie unterstützen die Hirnaktivität und helfen zudem, den Cholesterinspiegel zu senken.

Kokosmilch:
Diese weiße, cremige Flüssigkeit, die aus der Kokosnuss gewonnen wird, enthält viel gesundes Fett, das deinem

Körper gerade morgens richtig viel Energie liefert und sich nicht – wie manch andere Fettsorten – einfach an den Hüften festsetzt. Hier darfst du vollkommen ohne schlechtes Gewissen schlemmen.

Mandeln:
Wie alle Nüsse sind Mandeln reich an ungesättigten Fettsäuren. Mandeln liefern zudem viel Magnesium und andere Mineralstoffe. In dieser leckeren Bowl sind sie außerdem noch eine gesunde Proteinquelle.

Tipp: Du kannst diese Bowl natürlich auch nach Lust und Laune variieren. Und nach Jahreszeit.
Toll in die Açaí-Bowl passen als Topping auch Blaubeeren. Diese sind ein echtes heimisches Superfood. Vor allem im Sommer kannst du also richtig zuschlagen. Sie enthalten viele gesunde sekundäre Pflanzenstoffe, die zum Beispiel den Alterungsprozess aufhalten sollen. Ob das stimmt – wer weiß! Schmecken tun sie aber auf jeden Fall. Anstatt der Gojibeeren kannst du auch Cranberrys verwenden. Diese herben Schätze Kanadas haben mittlerweile auch in unseren Breitengraden ihre Liebhaber. Sie besitzen nicht nur einen tollen, einzigartigen Geschmack, sondern sind auch dafür bekannt, dass sie die Blasenfunktion unterstützen.

Eis. Eis. Baby!

EISTEE ZUBEREITEN

Wenn es draußen langsam wärmer wird, ist eine erfrischende Abkühlung manchmal genau das Richtige. Und was ist leckerer als süßsaurer Zitronen-Eistee? Schon bei dem Gedanken daran läuft mir regelrecht das Wasser im Mund zusammen. Wie herrlich: Licht und Wärme! Und dann diese wohltuende Erfrischung! Selbst gemacht schmeckt Eistee gleich doppelt so gut. Außerdem weiß man dann genau, welche Zutaten in diesem tollen Getränk stecken, und hat selbst Einfluss darauf, wie gesund es ist. Auf den ersten Blick mag die Zubereitung dieses Erfrischungsgetränks etwas eigenartig erscheinen. Denn: Im ersten Step wird hierfür Tee heiß zubereitet und dann im zweiten Step schnell abgekühlt. Der Grund für diese Vorgehensweise beim Zubereiten liegt darin, dass sich so ein bitterer Geschmack vermeiden lässt. Die Idee des Eistees ist natürlich nicht neu, sondern stammt aus der Mitte des 19. Jahrhunderts, also ungefähr aus der Zeit, in der die Kühltechnik entwickelt wurde. Wer hätte das gedacht? Bewährt hat sich die Grundidee inzwischen schon längst: Es gibt zahlreiche Varianten und unterschiedlichste Zutaten, mit denen du Eistee zubereiten kannst. Am besten probierst du am Anfang die ganz klassische Variante mit schwarzem Tee und Zitronen aus, deren Zubereitung ich ausführlich zeige. Und dann heißt es, schauen, welche alternativen Varianten bei dir Lust auf mehr hervorrufen. Einfach mal ausprobieren und gekühlt genießen. Natürlich musst du dich nicht auf die unten aufgeführten Versionen beschränken …

Das brauchst du:

- 6 Teebeutel Schwarztee
- 5 Stiele frische Minze
- 3–4 Bio-Limetten
- 1 Bio-Zitrone
- 5 EL Zucker
- Eiswürfel aus 1 Liter Wasser

SO GEHT'S:

1. Bringe einen Liter Wasser zum Kochen, gieße diesen in ein hitzebeständiges Gefäß (z. B. eine Teekanne oder Karaffe) und hänge die sechs Teebeutel hinein. Da du den Tee später mit Eiswürfeln verdünnst, brauchst du mehr Teebeutel als gewöhnlich. Lass alles nun maximal fünf Minuten ziehen. Wasche in der Zwischenzeit die Minze, die Limetten und die Zitrone gründlich. Schüttle die Minze etwas trocken, schneide die Zitrone und eine der Limetten in dünne Scheiben. Halbiere die anderen Limetten.

Tipp: Kaufe unbedingt unbehandeltes Bioobst, wenn du es ungeschält in deinen Eistee tun willst. Denn nur so stellst du sicher, dass es frei von Pflanzenschutzmitteln und Wachs ist.

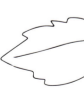

2. Nimm dann die Teebeutel aus dem Tee heraus und gib den Zucker hinzu, da er sich in heißem Wasser besser auflöst als in kaltem. Die Zuckermenge kannst du ganz nach Belieben anpassen, ich finde 5 EL gerade süß genug.

Tipp: Für eine gesündere Alternative kannst du natürlich auch Honig oder Agavendicksaft anstelle des Zuckers verwenden.

3. Nun muss der Tee schnell heruntergekühlt werden, weil sich sonst Bitterstoffe entwickeln. Gib also die Eiswürfel und bei Bedarf noch 100 ml kaltes Wasser hinzu. Außerdem kannst du jetzt die Minze und die Zitronen- sowie Limettenscheiben hinzufügen. Die Limettenhälften einfach oberhalb des Gefäßes quetschen, sodass der Saft direkt in den Tee träufelt.

Tipp: Du kannst natürlich auch den Limettenhälften den Saft mit einer Saftpresse entlocken. Oder aber die Limettenhälften über einem Glas quetschen und den Saft später zum Tee geben. Wie es dir praktischer erscheint.

4. Such dir einen bunten Strohhalm, nach Belieben ein schönes Fleckchen und schlürf los!

Tipp: Ich verwende für meinen Eistee gerne einen Getränkespender. Den Tee bereite ich direkt in dem Spender zu. Nach der Zubereitung den Spender schließen, indem der schützende Deckel aufgelegt wird. Mithilfe des Zapfhahns kann man sich die gewünschte Teemenge einfach in sein Glas abfüllen. Das geht schnell und vor allem sauber. Da tropft nichts – sollte es zumindest nicht. Wie gefällt dir mein Getränkespender im Vintage-Style?

ALTERNATIVEN:

Natürlich kannst du den Eistee auch mit anderen Teesorten, Früchten und Kräutern zubereiten. Der Fantasie sind dabei keine Grenzen gesetzt. Hier noch ein paar weitere Inspirationen, die ich sehr empfehlen kann. Probiere es einfach aus und sei kreativ.

Weißer Tee + Erdbeeren + Rhabarbersirup
Tipp: Rhabarbersirup kannst du im gut sortierten Supermarkt kaufen oder aus den Basiszutaten Rhabarber, Wasser, Zucker und Zitrone selbst kochen. Wenn du die DIY-Variante bevorzugst: Ob du es bei diesen Basiszutaten belässt oder wahlweise mit Zitronenmelisse oder tiefgekühlten Himbeeren besondere Akzente setzt, bleibt dir überlassen.

Grüntee + Pfirsiche + Thymian
Tipp: Ein ganz besonderes Geschmackserlebnis bietet dieser ungewöhnliche Dreiklang. Versuche einmal die aromatisch-würzig-belebende Kreation. Lass dich nicht von möglichen geschmacklichen Vorurteilen davon abhalten. Sonst könnte dir etwas Großartiges entgehen. Manchmal ist es ja genau das, was vermeintlich nicht zusammenpasst, was sich gegenseitig abrundet und begeistert. Daher: Erst probieren und dann erst dein Urteil fällen. Lass mich wissen, wie es ausfällt!

Pfefferminztee + Himbeeren + Minze
Tipp: Natürlich kann man diese erfrischende Mischung mit Pfefferminztee aus Teebeuteln zubereiten. Für das besondere Etwas: stattdessen frische Pfefferminzblätter verwenden! Das schmeckt superlecker!

Weißer Tee + Lavendel + Zitrone
Tipp: Das blumige Aroma von Lavendel ist die perfekte Ergänzung für den einzigartigen Geschmack des weißen Tees. Die Zitrone bringt eine fruchtige Note ins Spiel. Ein toller Durstlöscher für heiße Tage!

Kräutertee + Johannisbeeren
Tipp: Egal, ob rote oder schwarze Johannisbeeren – die Früchte schmecken himmlisch. Aber nicht nur das. Sie enthalten zudem besonders viel Vitamin C und liefern wichtige Mineralstoffe wie Eisen, Kalium und Magnesium. Zudem sind die kleinen Früchtchen reich an Ballaststoffen und förderlich für die Gesundheit. Für einen echten Gesundheits-Boost!

Matcha + Ingwer + Limette
Tipp: Für den besonderen Kick bei dieser Eisteevariation sorgt der frische Ingwer, der den Stoffwechsel gekonnt auf Trab bringt.

Boyfriend Shirt

FRÜHLINGS-STYLES –
BOYFRIEND SHIRT

Die Sonne lacht, die Tage werden wärmer und länger, überall grünt es, und das gleich in unterschiedlichen Grüntönen: eine ganze Farbpalette von Hellgrün bis Dunkelgrün. Welchen Grünton liebst du in dieser Jahreszeit am meisten? Ich persönlich kann mich gar nicht entscheiden, sondern liebe einfach dieses Meer aus Grüntönen und vor allem seine Farbkleckse. Denn: Bunte Blumen sprießen hier und dort aus dem Boden. Mein Herz fängt vor Freude an zu hüpfen! Endlich hält der Frühling Einzug – auch im Kleiderschrank. Es ist an der Zeit, die Sachen herauszusuchen, die du den ganzen Winter versteckt hast. Alles, was bunt und leicht ist, darf sich jetzt wieder zeigen: kurze Hosen, leichte T-Shirts, süße Kleider und bunte Röcke bestimmen den Fashion-Alltag. Helle Farben und zarte Pastelltöne haben ihren großen Auftritt. Das heißt aber nicht, dass wir unsere kuscheligen Pullover gleich ganz nach hinten in den Schrank räumen müssen. Im Gegenteil – der Zwiebel-Look ist im Frühling besonders angesagt: Schließlich kann es morgens und abends noch recht kühl werden, auch wenn uns die Sonne tagsüber schon mit sommerlichen Temperaturen verwöhnt. Deswegen machen mir Frühlings-Outfits besonders viel Spaß: Man kann ausprobieren und kombinieren, wie man möchte. Einfach mal mit unterschiedlichen Materialien und Längen experimentieren: zum Beispiel ein zartes Spaghetti-Top mit der langen Lieblingswolljacke mixen. Das verhilft einem zu jeder Tageszeit und bei jeder Temperatur zum Wohlfühlmodus und sieht noch dazu stylish aus. Kombiniere, was dein Kleiderschrank hergibt!

Aber es muss nicht nur diese Quelle sein: Ich bediene mich im Frühjahr auch gern einmal am Kleiderschrank meines Manns und stibitze ihm eines seiner T-Shirts. Männer-T-Shirts fallen einfach ganz anders aus als Shirts für Frauen. Deswegen ergeben sich daraus ganz andere Styling-Optionen. Ein paar stelle ich dir auf den nächsten Seiten vor.

Dinge zum Rauskramen

1. LEICHTE BLUSEN
2. JEANSJACKEN
3. SNEAKER
4. STOFFSCHUHE
5. USED-LOOK-JEANS MIT LÖCHERN
6. LATZKLEIDER
7. RÖCKE
8. LEICHTE ÜBERGANGSJACKEN
9. BUNTE BANDANAS
10. BAKERBOY-MÜTZE
11. SONNENBRILLE
12. TÜLLROCK
13. PAPERBAG-HOSE
14. PASTELLFARBENE KLEIDUNG
15. BUCKET HAT
16. JEANSWESTE
17. FRÜHLINGSKLEIDER (BLUMENMUSTER)
18. BAUMWOLL-CARDIGAN
19. MOMJEANS
20. LEDERJACKE
21. FARBENFROHE PULLOVER
22. WICKELROCK
23. WINDBREAKER
24. LONGSLEEVE
25. BLUSE

WARUM BOYFRIEND FIT?

Ganz klar: Männerkleidung ist anders geschnitten als Fashion für Frauen, aber auch das Material unterscheidet sich. Die oft sehr dünnen Stoffe von Frauenkleidung haben Vor- und Nachteile: Figurbetonend liegen unsere Outfits beispielsweise meist enger und taillierter an, während Männerkleidung oft aus festeren Stoffen gefertigt ist, die stabiler sitzen und ihre Form eher behalten. Deswegen kann es für manche Outfits wirklich sinnvoll sein, sich in der Männerabteilung zu bedienen, zum Beispiel bei T-Shirts. Übrigens sind vergleichbare Teile dort manchmal sogar günstiger!

Retrolook
Ich habe mich hier für einen Vintage-Stil entschieden. Das klassische weiße T-Shirt kombiniere ich mit einer hochgeschnittenen Hose und einem auffälligen weißen Gürtel. Das fühlt sich schon so richtig sommerlich an.

Was nicht passt, wird passend gemacht
Mit ein paar kleinen Hacks wird aus dem Boyfriend-T-Shirt auch sofort ein stylisches Accessoire. Das glaubst du nicht? Dann schau dich hier mal um. Es geht schneller, als du denkst …

1. Wenn du das Shirt vorn verknotest, entsteht quasi ein modernes Crop Top, das ein bisschen Bauch herausblitzen lässt. Wie gefällt dir das?
2. Um eine schlanke Taille zu zaubern, kannst du das T-Shirt einfach in die Hose stecken. Zieh es an den Seiten wieder ein bisschen heraus für einen lässigeren Look. Schon passiert!
3. Natürlich kannst du den Knoten auch hinten machen und deinem Outfit so ein witziges, unerwartetes Detail verleihen. Damit hätte doch keiner gerechnet, der das Shirt zuerst nur von vorne sieht, oder?
4. Falls dir die Ärmel zu lang sind, kannst du sie entweder umschlagen oder ganz nach oben rollen – je nachdem, was dir besser gefällt. Probiere mal beides aus. Was besser aussieht, hängt natürlich auch vom Material ab. Hier habe ich sie hochgeschlagen.

4.

SEXY DETAIL

Statt das T-Shirt einfach nur als Crop Top zu tragen, habe ich hier noch ein Spitzenteil darunter angezogen. Der Rand blitzt nur ein bisschen heraus und passt super zu einer schwarzen, hochgeschnittenen Jeans. Toll ist der Kontrast zwischen zarter Spitze und den fetten Boots bei diesem Schwarz-Weiß-Outfit!

COOLER LEDERLOOK

Vom T-Shirt zum Kleid, bei großen Männer-T-Shirts ist das kein Problem. So einfach geht's: Mit einem schwarzen Ledergürtel zaubere ich eine schöne Taille. Passend dazu habe ich schwere Stiefel und eine Lederjacke gewählt. Ein Hut rundet das Outfit ab. Wenn das nicht mal nach einem Frühlingstag in der City ruft!

Tipp: Du kannst unter dem T-Shirt oder generell unter kurzen Kleidern eine eng anliegende Radlerhose tragen. So vermeidest du neugierige Blicke und brauchst keine Angst zu haben, dass etwas verrutscht.

EHER EDGY

Ein weißes T-Shirt muss nicht langweilig sein. Hier layere ich einen schwarzen Spitzen-Body darüber, der dem Ganzen gleich eine vollkommen andere Form verleiht. Zu dieser verspielten Optik passt auch meine Haarschleife. Mit einer schwarzen Jeans und schweren Boots setze ich coole Kontrapunkte.

RICHTIG LÄSSIG

Boyfriend Shirts trägt man ja, weil sie gemütlich sind. Deshalb mache ich auch hier aus dem Shirt kurzerhand ein Kleid. In Kombination mit einem Rucksack, weißen Sneakern und einem Basecap bist du perfekt gerüstet für ein Picknick im Grünen oder einen Ausflug an den nächsten Badesee. Mach dich gleich auf und genieße den Tag!

Auf nach Balkonien!

Der Sommer steht vor der Tür, aber dein Urlaub ist noch lange hin? Kein Grund zu verzweifeln. Du kannst es dir auch zu Hause schön machen und mit wenigen Handgriffen ein regelrechtes Paradies auf deinem Balkon zaubern. Dafür brauchst du nur ein paar Basics. Hier zeige ich dir, wie das geht.

Blumen und Pflanzen

Nichts macht deinen Balkon so sommerlich wie bunte Blumen und schöne Pflanzen. Also bestücke deine Blumenkästen mit fröhlichen Blümchen oder kauf dir ein paar robuste Pflanzen für draußen. Wie du außerdem noch deine Blumentöpfe aufhübschen kannst, erfährst du auf den nächsten Seiten.

Outdoor-Teppich

Mit einem Teppich wird es erst so richtig gemütlich. Glücklicherweise gibt es extra wetterfeste Outdoor-Teppiche, mit denen du hässliche Fliesen verstecken und deinen gesamten Balkon in eine Wohlfühloase verwandeln kannst. Für welche Art von Teppich du dich entscheidest, bleibt natürlich ganz dir überlassen – Kunstrasen, gewebte Teppiche oder bunte Flicken? Nimm das, was dir gefällt.

Lichterkette

Es gibt nichts Romantischeres, als in der Abenddämmerung auf dem Balkon zu sitzen und dann eine schöne Lichterkette anzumachen. Auch hiervon gibt es wetter-

feste Modelle, manche sogar mit Solarfunktion. Diese laden sich tagsüber in der Sonne auf und strahlen dann nachts mit den Sternen um die Wette.

Esstisch und Sitzmöbel

Du brauchst nicht unbedingt teure Balkonmöbel, um es dir draußen gemütlich zu machen. Platz für ein paar Gläser Wein und eine kleine Käseplatte findet sich immer. Deswegen können Küchenstühle und ein Hocker schon ausreichen, um dir ein paar Sitzgelegenheiten zu schaffen. Dekoriere diese mit kuscheligen Decken und Kissen für einen noch höheren Wohlfühlfaktor, falls es abends kühler wird.

Kerzen

Zünde dir zum Schluss noch ein paar schöne Kerzen an. Du kannst entweder einfache Windlichter nutzen, die Kerzen in Weckgläser stellen oder dir richtig schicke Deko-Laternen gönnen – ganz nach Belieben. Und wer es zu Hause so schön hat, der braucht (fast) gar keinen Urlaub mehr.

Ein glänzendes Highlight

BLUMENTOPF GOLDFARBEN SPRAYEN

Ich liebe Gold: Es sieht edel aus, passt zu allen anderen Farben und macht richtig was her. Umso toller, dass man für einen goldenen Look nicht immer tief in die Tasche greifen muss, sondern ihn auch einfach aus der Sprühflasche zaubern kann. Hier zeige ich dir, wie du einen einfachen oder alten Blumentopf, der dir nicht mehr gefällt, in einen funkelnden Eyecatcher verwandelst.

Das brauchst du:

- Blumentopf
- Sprühlack in Gold
- Lackfarbe in Weiß
- Unterlage, z. B. alte Zeitung
- Lappen
- Gummihandschuhe
- Pinsel, rund

SO GEHT'S:

Sprühlack sollte man immer nur draußen benutzen. Such dir einen geeigneten Platz im Freien, breite eine Zeitung oder eine andere Unterlage aus und fixiere sie mit ein paar Steinen. Zieh dir am besten auch alte Kleidung an, sonst funkeln deine Klamotten schneller, als dir lieb ist!

1. Reinige das Äußere deines Blumentopfs mit einem Lappen, damit die Farbe anschließend besser hält. Trockne ihn dann gut ab.

2. Zieh deine Gummihandschuhe über und schüttel die Sprühlackdose für ca. 1–2 Minuten. Sprühe nun in einem Abstand von ca. 20–30 cm gleichmäßig zuerst die untere Hälfte an. Stelle dann den Topf auf den Boden und widme dich der oberen Hälfte. Schau zum Schluss noch mal, dass du auch keine Stelle vergessen hast.

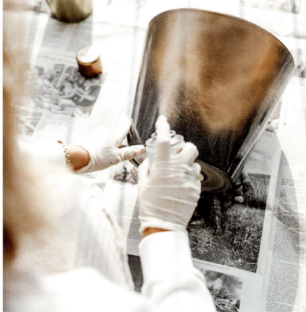

3. Lass den Topf nun gut trocknen – je nachdem, welche Trocknungszeit auf der Dose angegeben ist. Falls die Farbe noch etwas ungleich verteilt ist, kannst du eine zweite Schicht darüber sprühen. Dann wieder gut trocknen lassen.

4. Ich habe mich entschieden, meinen Blumentopf noch ein bisschen zu verzieren. Dazu nehme ich weiße Lackfarbe und einen runden Pinsel und schmücke den Topf mit gleichmäßigen Polka Dots. Anschließend wieder gut trocknen lassen, damit die Farbe nicht verwischt.

Tipp: Es muss natürlich nicht immer Gold sein. Wie wäre es mit einem modernen Rotgold oder einem schicken, matten Schwarz? Wenn dein Topf draußen im Freien stehen soll, greif am besten zu einer Außenfarbe. Schau doch einfach mal im nächsten Baumarkt oder Bastelladen vorbei und lass dich inspirieren.

Liebevolle Details

BLUMENTOPF MIT BOHO-MUSTER BEMALEN

Ist dir ein einfarbiger Topf zu langweilig? Dann probiere es doch mal mit einem ausgefallenen Boho-Muster. Hier kannst du deiner Kreativität freien Lauf lassen und dich einfach mal ausleben. Ob eher minimalistisch oder wild – gib deinem Topf eine persönliche Note.

SO GEHT'S:

1. Zum Lackieren suchst du dir am besten draußen einen Platz und legst diesen mit einer Unterlage aus, damit keine Farbe danebengeht.

2. Lackiere zuerst den Topf in der Farbe deiner Wahl. Ich habe mich hier für Weiß entschieden, aber du kannst natürlich gern eine andere Farbe wählen, wenn du möchtest.

3. Lass nun alles gut trocknen. Einen Hinweis zur Trocknungszeit findest du auf der Dose.

4. Lackfarben decken üblicherweise sehr gut, aber wenn du mit dem Ergebnis noch nicht zufrieden bist, kannst du eine weitere Lackschicht auftragen. Danach wieder gut trocknen lassen.

5. In der Zwischenzeit kannst du dir überlegen, welches Muster du aufmalen möchtest. Hier ist wirklich alles erlaubt: geschwungene Linien, Dreiecke, Punkte … eben was dein Herz begehrt. Meinen Topf möchte ich recht simpel halten und nehme deswegen nur ein Muster. Für mehr Boho-Feeling kannst du aber auch mehrere Muster miteinander kombinieren. Probiere doch einfach auf einem alten Blatt Papier so lange verschiedene Muster aus, bis du eins gefunden hast, das dir gefällt.

6. Wenn dein Topf vollkommen getrocknet ist, kannst du nun das Muster mit dem Permanentmarker aufmalen. Mach dir keine Sorgen, falls nicht alle Striche komplett gerade sind. Bei einem solchen Muster gehört etwas Unvollkommenheit einfach dazu und macht den Look erst perfekt.

Echte Eyecatcher

BLUMENTÖPFE RICHTIG IN SZENE SETZEN

Du möchtest deine hübschen Pflanzen mit ihren schicken Blumentöpfen so präsentieren, dass sie sofort ins Auge fallen? Dann zeige ich dir hier ein paar Tipps, wie deine Pflanzenfreunde richtig gut zur Geltung kommen.

Der richtige Platz
Zunächst einmal solltest du natürlich den richtigen Ort für deine Pflanzen finden. Eine sonnenhungrige Palme mag zwar im ersten Moment hübsch aussehen im dunklen, kalten Flur. Aber sie wird schon bald die Blätter hängen lassen und vielleicht sogar eingehen, weil sie nicht ausreichend Licht bekommt. Achte also darauf, dass du Standorte mit der richtigen Lichteinstrahlung und Wärme aussuchst, sodass deine Pflanzen immer fröhlich ihre Blätter in die Höhe strecken.

1. Blumenampel:
Mit Blumenampeln, beispielsweise nach Makramee-Art, schwingen deine grünen Freunde in höchsten Höhen. Außerdem sind sie für Menschen mit neugierigen Haustieren oder Fußbodenheizung einfach superpraktisch. Grundsätzlich kannst du jede Pflanze in einer Blumenampel unterbringen, aber für ein besonderes Dschungel-Feeling eignen sich vor allem Hängepflanzen.

2. Blumenbank:
Wenn du kein Fensterbrett hast, kannst du dir einfach eine schöne Blumenbank aufstellen. Die Pflanzen sind so keine Stolperfallen auf dem Boden und sehen richtig elegant aus. Bonuspunkte gibt es, wenn du die Farbe deiner Töpfe auf die deiner Bank abstimmst. Ich habe mich hier für eine schöne Gold-Rosa-Kombo entschieden.

3. Im Regal:
Manchmal ist die einfachste Lösung die beste: Stell deine Blumen doch einfach ins Regal, damit sie deinen Büchern Gesellschaft leisten können. Wenn du dir dafür ein einheitliches Farbkonzept überlegst, sieht das gleichzeitig harmonisch und abwechslungsreich aus. Aber bitte denk daran, dass deine Pflanzen auch hier genügend Licht und Wärme brauchen!

4. Auf einem Hocker:
Ein Hocker oder kleiner Beistelltisch kann zum Eyecatcher verhelfen. Anstatt die Pflanze auf dem Boden abzustellen, wird sie bewusst auf Augenhöhe platziert und bekommt dadurch mehr Aufmerksamkeit. Außerdem kann man so viel besser um die Pflanze herum staubsaugen oder wischen.

1.

2.

3.

4.

Im Frühling geht's nicht ohne …

… TULPEN

Nach den ersten grauen Monaten im Jahr blitzen ab März überall bunte Tulpen-
köpfe hervor und verbreiten Frühlingsstimmung.

… SNEAKER

Endlich heißt es: weg mit den Winter-Boots und her mit leichten Sneakern.
Weiße Schuhe kombiniert mit kurzen Hosen und leichten Kleidern läuten die
warmen Jahreszeiten ein.

… SPARGEL

Frischer Spargel – am besten vom Bauern – ist das perfekte Frühlingsgericht,
egal, ob man es klassisch mag oder einen exotischen Spargelsalat ausprobiert.

… FAHRRAD

Sobald es draußen wieder warm wird, hole ich mein Fahrrad hervor. Sonntägli-
che Ausflüge zum Baggersee oder ein Waldpicknick machen am meisten Spaß.

… BLUMENTÖPFE

Die ersten bunten Frühlingsblüher machen Lust auf mehr. Deswegen hole ich
mir den Frühling in die Wohnung und auf den Balkon: mit bunt bepflanzten
Blumentöpfen.

Kapitel 3

Sommer

Meine Bucket List

- ☐ einen Grillabend veranstalten
- ☐ frische Smoothies selbst machen
- ☐ zu einem See fahren
- ☐ ein Picknick machen
- ☐ Sonnenbrille und Sonnenhut tragen
- ☐ DIY-Gesichtsmaske aus frischen Zutaten auftragen
- ☐ ein Festival besuchen
- ☐ einen Tag ohne Schminken einlegen
- ☐ in die Sonne legen (Sonnenschutz nicht vergessen!)
- ☐ Eiskaffee zubereiten
- ☐ Wassermelone essen
- ☐ eine Zeitschrift im Schatten lesen
- ☐ einen neuen Bikini kaufen
- ☐ eine Sommerfrisur ausprobieren

- [ ] dem Körper etwas Gutes tun und Sport treiben
- [ ] eine Sommermusik-Playlist erstellen
- [ ] sich mit Freunden eine Wasserschlacht liefern
- [ ] zelten
- [ ] eine Fahrradtour machen
- [ ] dein luftigstes Sommerkleid tragen
- [ ] einen Film im Autokino schauen
- [ ] Erdbeeren pflücken
- [ ] Eis essen
- [ ] einen Girls-Roadtrip machen
- [ ] in einer Hängematte schlafen
- [ ] ein Freibad besuchen
- [ ] mit deinen Freunden unter dem Sternenhimmel philosophieren
- [ ] Kräuter auf dem Balkon pflanzen
- [ ] etwas ganz Neues ausprobieren: Heißluftballon fahren, Hubschrauber fliegen, tauchen, vor anderen singen oder einen Handstand machen

Tücher-Styles

TOLLE EYECATCHER

So kuschelig wie Schals im Winter auch sind, im Frühling und Sommer greife ich stattdessen supergern auf Tücher zurück und freue mich jedes Mal, wenn ich sie aus dem Schrank holen darf. Sie sind supervielseitig und werten jedes Outfit sofort auf. Besonders toll finde ich fließende Seidentücher. Sie zerknittern nicht, fallen schön und sehen sehr viel hochwertiger aus als Tücher aus Baumwolle. Außerdem kommen sie nie aus der Mode. Es gibt sie in allen Farben und Formen. Für viele Styles bieten sich lange, schmale Tücher an, aber auch ein viereckiges Nickituch kann als Haarband oder um den Hals geknotet sehr niedlich sein. Achte aber darauf, dass die Tuchfarbe immer zu deinem restlichen Outfit passt. Ich habe mich bei den folgenden Beispielen für einen fröhlichen Gelbton entschieden.

TÜCHER RICHTIG FALTEN

Seidentücher sind natürlich seidenweich. Das ist ja das Schöne daran. Aber sie sind auch dementsprechend rutschig. Mit der richtigen Falttechnik ist das aber kein Problem. Um zum Beispiel aus einem rechteckigen Tuch ein schmales zu machen, legst du das Tuch offen hin und ziehst eine Ecke auf die gegenüberliegende, sodass ein Dreieck entsteht. Das Tuch kannst du dann von der Spitze aus zusammenrollen oder in schmale Falten legen. Schon hast du ein langes, schmales Tuch, das sich super binden lässt.

Falls das Tuch übrigens zu rutschig ist, wenn du es beispielsweise als Haarband nutzt, dann versuche es mal mit Haarklammern. Damit kannst du das Tuch unauffällig fixieren, ohne es zu beschädigen.

TÜCHER RICHTIG STYLEN

1. Als Haarband

Ich finde es richtig süß, Tücher als Haarband zu benutzen. Dazu faltest du das Tuch einfach wie zuvor beschrieben und legst es so um deinen Kopf, dass die Enden nach oben zeigen. Nun kannst du diese verknoten. Falls dein Tuch besonders lang ist, kannst du das Tuch auch einmal vorn überkreuzen und dann am Hinterkopf verknoten. Das sieht auch richtig hübsch aus. Fixiere das Haarband an unauffälligen Stellen mit Haarklammern, damit nichts verrutscht.

2. Als Haargummi

Du kannst das Tuch aber auch nutzen, um deinen Zopf zu verschönern. Am besten funktioniert das wieder mit einem recht schmalen Tuch. Binde deine Haare zu einem Zopf, lege das Tuch einfach einmal darum und knote es fest. Das gibt deinem Outfit einen richtigen 60er-Vibe. Übrigens funktioniert das auch gut mit kürzeren Tüchern.

3. Als Halstuch

Manchmal ist die einfachste Variante die beste. Dieser Style ist für alle möglichen Tuchgrößen und -formen geeignet. Ein kleines Halstuch kannst du einfach frech verknoten, ein längeres schön drapieren. Probiere doch auch einmal verschiedene Knotentechniken oder Schleifen aus. Du wirst überrascht sein, wie unterschiedlich so ein Tuch wirken kann.

4. An der Handtasche

Tücher können Handtaschen in Sekundenschnelle aufwerten. Besonders toll sehen sie meines Erachtens an kleinen Vintage-Taschen aus, aber auch große Shopper machen mit einem hübschen Tuch gleich viel mehr her. Mit diesem Trick kannst du deine Tasche auch viel besser in deinen Look integrieren, wenn du ein Tuch mit abgestimmten Farben nimmst.

5. Als Gürtel

Auch hier kann ein Tuch ein süßer Blickfang sein. Es wirkt viel leichter als ein schwerer Ledergürtel und gibt deinem Outfit einen luftig-leichten, sommerlichen Look, der einfach nach Riviera ruft. In Kombination mit süßen Shorts und einem leichten T-Shirt sieht das Ganze besonders hübsch aus.

95

Hot, hotter, Hotpants

VIELSEITIGER GEHT'S FAST NICHT

Hotpants sind das ultimative Sommer-Must-have. Ohne geht es einfach nicht! Wie du bestimmt weißt, bedeutet der Begriff Hotpants kurz und knapp übersetzt „heiße Hosen". Diese Bezeichnung kommt daher, dass es diese Shorts in den unterschiedlichsten Längen gibt: von sehr züchtig bis extremst kurz. Es ist unbeschreiblich, wie kurz Hotpants ausfallen können. Wenn du es nicht glauben kannst, schau einfach mal im Internet, wenn du nicht schon längst die kürzesten aller kurzen Hotpants-Exemplare beim Flanieren gesehen hast. Dazu kommt: Es gibt Hotpants in unterschiedlichen Passformen: von locker getragenen bis hautengen Modellen. Wichtig bei der Wahl der passenden Hotpants ist, darauf zu achten, was gut zu dir, deiner Figur und deinem gewünschten Outfit passt. Wenn du dir unsicher bist, probier einfach mal

unterschiedliche Varianten aus. Du weißt immer noch nicht, welche Hotpants am meisten für dich tut? Dann nimm einfach eine Freundin mit zum Shoppen. Oder mach beim Anprobieren jeweils ein Foto und zeig die Fotos einer Freundin oder deinem Freund. Das hört sich aufwendig an, aber eine Zweitmeinung lohnt sich immer – gerade bei Hotpants. Das Tolle an den heißen Höschen: Sie machen nicht nur schöne lange Beine, sondern lassen sich in zahllosen Varianten kombinieren. Weil es Hotpants eben in allen möglichen Längen, Schnitten, aber auch Materialien und Mustern gibt, ist für jeden Anlass das Richtige dabei: Leder, Baumwolle, Jeans, Leinen, Seide, unifarben, gemustert … die Auswahl ist unendlich groß. Ich stelle dir hier zur Inspiration sechs Styles für klassische Jeans-Hotpants vor, die du zu Hause nachstylen kannst.

COOL

Ganz anders sieht es aus, wenn du Hotpants mit schweren Schuhen kombinierst. Mit einem Boyfriend-T-Shirt (mehr dazu auf Seite 70), einem Kordhemd und einer 70er-Sonnenbrille eignet sich der Look für ein lässiges Outdoor-Festival. Lasst uns diesen Sommer ewig feiern!

BIKER

Auch im Sommer sind
Lederjacken total
angesagt. Mit einem
Crop Top, einer durch-
sichtigen, schwarzen
Strumpfhose und
schwarzen Boots ist
der Biker-Look perfekt.
Dazu liebe ich noch ei-
nen ausgefallenen Hut.
Ein echter Eyecatcher
ist der kleine silberfar-
bene Rucksack. Der
macht aber nicht nur
optisch richtig was her,
sondern ist auch su-
perpraktisch. In diesem
Outfit kann man abends
problemlos durch die
Straßen ziehen. Sum-
mer in the City! Yeah!

BEACHY

Und wenn wir schon beim Thema Strand sind: Hotpants sind perfekt für einen Ausflug an den nächsten Badesee. Ein süßer Badeanzug und ein Sonnenhut machen das Outfit perfekt. Alles, was man für einen Tag am See oder Strand braucht, passt in die geräumige Korbtasche. Für das richtige Strand-Flair habe ich ein Seidentuch als Gürtel umfunktioniert. Ab Seite 92 findest du noch mehr Ideen, wie du deine Tücher als Accessoires nutzen kannst. In diesem Look taucht die Farbe Gelb in verschiedenen Nuancen gleich mehrfach auf. Warum Gelb? Für mich ist dies einfach die Sommer- und Strandfarbe schlechthin.

PARTY

Mit einer luftigen Bluse und auffälligen Sandalen sehen die Shorts gleich ganz anders aus. Der Gürtel rundet das Ganze noch ab. So bin ich bereit für die nächste Party, findest du nicht? Egal wo! Wenn Party auf der Agenda steht, bin ich dabei! Ob auf dem Balkon, im Garten, am Pool oder am Strand – Party ist, was ihr daraus macht!

BOHO

Du bist schon bereit für die Festivalsaison? Dann ist ein stylischer, aber lässiger Look bestimmt genau das Richtige. Mit einem Top in Schlangenoptik und einer sommerlichen Häkelstrickjacke sieht das Outfit nicht zu bemüht aus, der Hut gibt ihm aber das gewisse Etwas und schützt dich vor allem auch vor den Sonnenstrahlen. Eine schwarze Tasche mit Bommeln und ein farblich darauf abgestimmter Gürtel setzen dezente Akzente. Jetzt kann es losgehen!

LÄSSIG

Hotpants müssen nicht immer supersexy sein. In Kombination mit einem Sweatshirt, Turnschuhen und einem Basecap sieht der gesamte Look sehr entspannt aus. Perfekt fürs Hiken oder einen Stadtbummel. Hauptsache, nach draußen! Das Leben kann so einfach sein: Tür auf und raus! Und: Was gibt es Schöneres, als im Sommer Bein zu zeigen?

Koffer packen

Die nächste Reise steht an und es wird langsam Zeit zu packen? Listen sind einfach das A und O, wenn du ohne den lästigen Hintergedanken, etwas vergessen zu haben, das Haus verlassen möchtest. Auf den nächsten Seiten erzähle ich dir meine Tipps und Tricks, damit das Kofferpacken auch für dich immer leichter wird.

Notwendige Dinge für deinen Urlaub:

1. REISEPASS
2. PORTEMONNAIE MIT AUS-WEISDOKUMENTEN (KRAN-KENKASSENKARTE, PERSO-NALAUSWEIS ETC.)
3. HAUSTÜRSCHLÜSSEL (HIN-TERLASSE FÜR DEN NOTFALL ODER FÜRS BLUMENGIESSEN EINEN SCHLÜSSEL BEI EINER VERTRAUENSPERSON – MAN WEISS JA NIE!)
4. BARGELD IN DER WÄHRUNG DEINES REISEZIELS
5. HANDY, LADEKABEL, POWER-BANK
6. REISEUNTERLAGEN (NAME & ADRESSE DEINER UNTER-KUNFT, FLUGDATEN ETC.)
7. ZAHNBÜRSTE
8. ZAHNPASTA (REISEGRÖSSE)
9. SHAMPOO (REISEGRÖSSE)
10. SPÜLUNG (REISEGRÖSSE)
11. DUSCHGEL (REISEGRÖSSE)
12. DEO (REISEGRÖSSE)
13. TAGESCREME/BODYLOTION (REISEGRÖSSE)
14. MAKE-UP-UTENSILIEN
15. ABSCHMINKZEUG
16. WATTEPADS

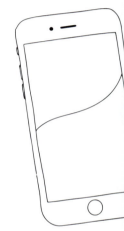

17. WATTESTÄBCHEN
18. HYGIENEARTIKEL
19. RASIERER
20. HAARBÜRSTE
21. HAARGUMMIS, -SPANGEN, -KLAMMERN, -BÄNDER
22. NAGELSCHERE/NAGELFEILE
23. PINZETTE
24. PFLASTER/BLASENPFLASTER
25. KONTAKTLINSEN & ZUBEHÖR/ GGF. ERSATZBRILLE (FÜR BRIL-LENTRÄGER)
26. FIEBERTHERMOMETER
27. ERSTE-HILFE-SET (KÖNNT IHR EUCH GANZ EINFACH IN REISEGRÖSSE IM INTERNET BESTELLEN)
28. TABLETTEN GEGEN SCHMER-ZEN, DURCHFALL UND ERBRE-CHEN
29. PERSÖNLICHE MEDIKAMENTE (ALLERGIETABLETTEN, PILLE ETC.)
30. CORTISONSALBE FÜR MÜ-CKENSTICHE
31. ZIP-BEUTEL FÜR HANDGE-PÄCK
32. TASCHENTÜCHER

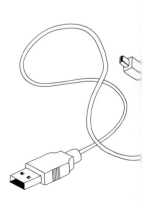

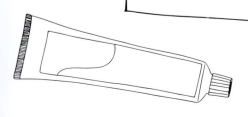

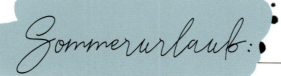

Sommerurlaub:

- [ ] Sonnencreme
- [ ] After-Sun-Lotion
- [ ] Anti-Mücken-Spray
- [ ] Schuhe (Flipflops, Sneaker, schicke Schuhe, Wanderschuhe)
- [ ] Socken
- [ ] Unterwäsche/BHs
- [ ] Bikini/Badehose
- [ ] Shorts
- [ ] Hose (lang)
- [ ] Röcke
- [ ] Kleider
- [ ] Gürtel
- [ ] Oberteile (T-Shirts, Tops, Jacke, Langarm-Shirt, Pullover)

- [ ] Schmuck (Uhr, Ketten, Ringe, Armbänder)
- [ ] Sonnenbrille
- [ ] Sonnenhut/Kappe
- [ ] Schlafanzug
- [ ] Wäschesack
- [ ] Handtücher (bei Bedarf)
- [ ] Strandhandtuch
- [ ] Bettwäsche (bei Bedarf)
- [ ] Koffer
- [ ] Tagesrucksack
- [ ] Schutzhülle für Elektronik

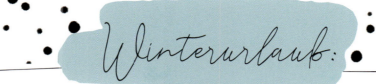

Winterurlaub:

- ☐ Schal/Mütze/Handschuhe
- ☐ Funktionstuch
- ☐ Fettcreme (Vaseline)
- ☐ Handcreme
- ☐ Labello/Lippenbalsam
- ☐ Sonnencreme
- ☐ Winterschuhe, warme Schuhe
- ☐ Socken
- ☐ Unterwäsche/BHs
- ☐ Hosen/Jeans
- ☐ Gürtel
- ☐ Oberteile (Pullover/Sweatshirts/T-Shirts)
- ☐ Fleecepullover/-jacke
- ☐ Schmuck (Uhr, Ketten, Ringe, Armbänder)

- ☐ Sonnenbrille
- ☐ Schlafanzug
- ☐ Wäschesack
- ☐ Handtücher (bei Bedarf)
- ☐ Bettwäsche (bei Bedarf)
- ☐ Koffer
- ☐ Ski-/Snowboardrucksack
- ☐ Tagesrucksack
- ☐ Schutzhülle für Elektronik
- ☐ Schneeketten, falls erforderlich
- ☐ Ski-Zubehör (Helm, Brille etc.)

Pack-Hacks

SO EINFACH GEHT PACKEN …

Packen kann eine richtig lästige Aufgabe sein: Irgendwie ist nie genug Platz im Koffer – egal, wie groß er ist. Wie aber packt man am effizientesten? Was muss man bei Sperrigem wie beispielsweise Schuhen beachten? Und: Wie transportiert man am besten Sensibles, das nicht knittern und knautschen darf? Fragen über Fragen. Am ärgerlichsten ist, wenn du bei der Ankunft an deinem Ziel feststellst, dass etwas ausgelaufen ist und der gesamte Kofferinhalt damit getränkt ist. Damit dies nicht geschieht und du mit dem Platz im Koffer auskommst, habe ich folgende Pack-Hacks für dich.

1. Rollen statt falten

Wenn du T-Shirts, Hosen und Schals zu kleinen Rollen drehst, bleiben sie fast komplett knitterfrei und lassen sich richtig platzsparend stapeln. Auch hier kann dir die Marie-Kondo-Falttechnik von Seite 28 gute Dienste leisten.

2. Richtig ausstopfen

BHs mit wattierten Körbchen legst du am besten ineinander und stopfst die Cups mit Socken oder Unterhosen aus. So behalten sie ihre Form und werden nicht zerdrückt. Das Gleiche gilt auch für deine Schuhe und Taschen. Wenn du sie ausstopfst, schützt du außerdem noch ihre Form, denn so werden sie nicht eingedrückt. Leerräume kannst du damit perfekt ausnutzen und bekommst mehr in deinen Koffer.

3. Zipp-Beutel

Plane deine Outfits für jeden Tag vor deiner Reise und packe sie in Zipp-Beutel. Du kannst sie sogar mit den Wochentagen beschriften. So hast du alles schnell zur

Hand und wirst dich garantiert freuen. Und es gibt noch einen weiteren Vorteil an den Beuteln: Gerade wenn du besonders platzsparend packen musst oder als Backpacker unterwegs bist und dein Rucksack auch mal nass werden könnte, lohnt es sich, in spezielle Packbeutel zu investieren. In denen kannst du Sachen besonders klein verpacken und sie oft auch vakuumieren. Extra-Plus: Die meisten dieser Beutel sind aus undurchlässigem Material. Wenn dein Gepäck also in einen Regenschauer kommt oder einfach nur deine Bodylotion ausläuft, musst du dir keine Sorgen um deine Kleidung machen.

4. Auslaufsicher

Wenn wir schon beim Thema sind: Kaufe dir entweder einen auslaufsicheren Kosmetikbeutel oder pack diesen in eine Plastiktüte. So kann definitiv nichts danebengehen.

5. Schweres nach unten

Alles Schwere, wie zum Beispiel Schuhe, Bücher und deine Kosmetiktasche, solltest du so in deinem Koffer verstauen, dass sie immer unten liegen. Bedenke dabei, dass dein Koffer nicht immer nur liegt, sondern manchmal auch aufrecht steht, und packe entsprechend. So rutschen die schweren Sachen nicht hin und her und zerknittern deine zu Päckchen gefalteten Shirts.

6. Schuhe verpacken

Damit deine Schuhe nicht deine sauberen Sachen verschmutzen, verstaust du sie am besten in Plastiksäcken oder ziehst ihnen eine Duschhaube über. Die bekommst du in fast allen Hotels. Diese fangen sämtlichen Schmutz auf und sorgen für platzoptimiertes Packen.

7. Hut transportieren

Hüte sind beim Packen echte Problemkinder. Am einfachsten ist es natürlich, sie einfach auf der Reise aufzusetzen. Wenn du das nicht möchtest, kannst du den Hut mit Socken oder Unterhosen ausstopfen und so in deinen Koffer legen, dass nichts Schweres auf ihn rutschen kann. Nun kannst du deine Sachen so drum herum legen, dass er gut gepolstert ist – und die Reise sicher übersteht.

8. Wäschesack und Trocknertücher

Ich nehme immer einen Wäschesack mit, um meine Schmutzwäsche von der sauberen zu trennen. Aber trotzdem entstehen manchmal muffige Gerüche im Koffer. Dagegen helfen Trocknertücher, die speziell für den Trockner gedacht sind und für einen frischen Geruch sorgen. Diese kannst du in einem Drogeriemarkt kaufen, einfach zwischen deine Sachen legen und kommst dann garantiert ohne den typischen Reisegeruch nach Hause.

9. Immer etwas Platz lassen

Ich halte es für keine gute Idee, mit einem vollkommen überfüllten Koffer in den Urlaub zu fliegen – denn wo sollen dann deine ganzen Mitbringsel hin? Das Tuch, das du in der süßen Boutique gesehen hast? Oder die leckeren Küchlein vom Markt? Lass also auf jeden Fall etwas Platz, damit du dich später nicht ärgerst.

10. Markiere deinen Koffer auffällig

Am Gepäckband herrscht immer so große Aufregung, dass es mich richtig stresst, meinen eigenen Koffer dort rechtzeitig zu erkennen. Deswegen empfehle ich dir, deinen Koffer auffällig zu markieren, zum Beispiel mit einer farbigen Schleife, einem Koffergurt oder einem Aufkleber. So erkennst du ihn sofort.

Checkliste:

TO-DOS VOR DEM URLAUB

Urlaubsvorbereitungen bestehen ja nicht nur aus Packen – obwohl das schon anstrengend genug ist. Auch andere Dinge müssen erledigt werden. Wie umfangreich deine Vorbereitung ausfällt, hängt natürlich immer davon ab, wie lange verreist wird und wohin es geht. Für einen Wochenendtrip ins Nachbarland musst du natürlich viel weniger Aufwand betreiben als für eine Weltreise. Pass die folgende Checkliste also einfach deiner jeweiligen Reise an:

Einige Monate vorher
- Gültigkeit von Reisepass und Kreditkarten prüfen
- Visum beantragen
- Internationalen Führerschein beantragen
- Impfungen auffrischen
- Auslandskrankenversicherung checken bei Reisen außerhalb der EU

Einige Wochen vorher
- Mietauto, Ausflüge und Reisen im Land buchen
- Versorgung deiner Haustiere klären
- Blumenpflege und Briefkastenleerung organisieren

Tipp: Einen tollen Hack, wie deine Blumen sich selbst mit Wasser versorgen können, findest du auf Seite 60.

- Landeswährung besorgen
- Reiseunterlagen sammeln
- Notfallnummern notieren

Einen Tag vorher
- Packen
- Koffer wiegen, um Überraschungen und unnötige Kosten am Flughafen zu vermeiden
- Fahrt zum Flughafen organisieren
- Online einchecken
- Handgepäck packen
- Alle verderblichen Lebensmittel aus dem Kühlschrank nehmen, möglichst aufbrauchen, verschenken oder zur Not entsorgen – bis auf das geplante Essen für den Abreisetag natürlich
- Wohnungsschlüssel fürs Blumengießen oder für den Notfall einer Person deines Vertrauens geben

Am Abreisetag
- Alle Fenster schließen
- Pflanzen gießen
- Müll rausbringen
- Spülmaschine leeren und offen stehen lassen
- Überall Licht ausschalten
- Steckerleisten oder unnötige Geräte ausschalten
- Heizung herunterdrehen, Wasser abstellen
- Evtl. Rollläden oder Vorhänge schließen
- Einen letzten Rundgang zum Check machen
- Haustür und andere Zugänge abschließen
- Auf den Urlaub freuen und abschalten!

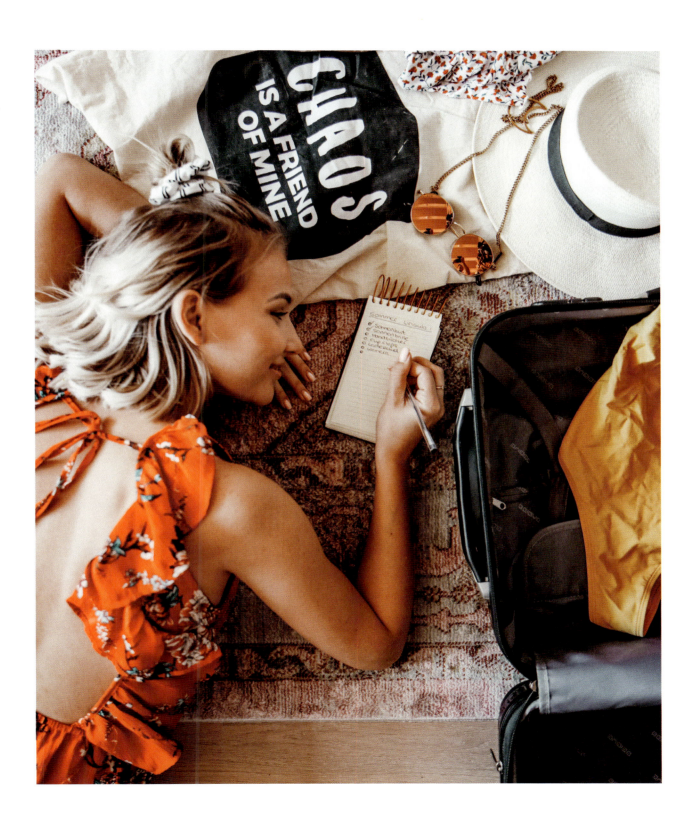

Feldsalat mit Avocado-Dressing

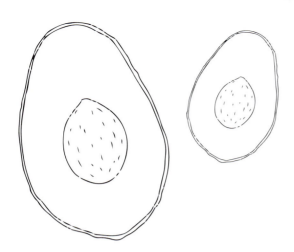

SO SCHMECKT DER SOMMER!

Ich bin überzeugt: Avocados machen glücklich! Sie enthalten nicht nur viele gesunde ungesättigte Fettsäuren, sondern sind auch reich an den Vitaminen A, D, E, K, Folsäure und, und, und. Nicht umsonst ist das Superfood so beliebt. Diese Wunderfrucht verblüfft mich immer wieder mit ihren zahlreichen Verwendungsmöglichkeiten: Avocadostücke in Salaten sind natürlich köstlich. Nicht zu vergessen: Avocado-Dips, aber auch Aufstriche – yummy! Je nach Würzung mal fruchtig, mal feurig! Ein leckerer grüner Smoothie mit der sogenannten Butterfrucht ist auch immer wieder ein Genuss. Hast du schon mal Avocado-Pesto gekostet? Je länger ich darüber nachdenke und schreibe, desto mehr Appetit bekomme ich. Geht es dir auch so? Die Avocado ist wirklich eine tolle Frucht! Hier gibt es mal eine ganz andere Variante: leckeren Feldsalat mit cremigem Avocado-Dressing. Das hört sich nicht nur lecker an, sondern schmeckt auch nach mehr!

Für 4 Personen

Das brauchst du:

- ◆ 400 g Feldsalat

... für das Dressing:
- ◆ 100 g reife Avocado
- ◆ 3 Stängel Petersilie
- ◆ 20 g geröstetes Sesamöl
- ◆ 20 g mittelscharfer Senf
- ◆ 65 g fettarme Sahne
- ◆ 30 ml Wasser
- ◆ 100 ml Milch
- ◆ 0,5 TL Curry
- ◆ 0,5 TL Salz
- ◆ 0,5 TL Pfeffer
- ◆ 20 g frisch gepresster Limettensaft

... für das Topping:
- ◆ 30 g Walnusskerne
- ◆ 30 g Cranberrys
- ◆ 30 g Schwarzbrot/Pumpernickel

SO GEHT'S:

1. Wasche zuerst den Feldsalat, lass ihn
    gut abtropfen, trenne Wurzeln ab
    und zerteile ihn. Nun kannst du den
    Salat schon auf den Tellern portio-
    nieren und anrichten.

2. Als Nächstes bereiten wir die
    Toppings vor. Dafür kannst du die
    Walnüsse, Cranberrys und das Brot
    entweder mit der Hand ganz klein
    schneiden oder alles einfach auf
    der kleinsten Stufe kurz im Mixer
    zerkleinern. Lagere die Toppings
    dann in einer Schüssel zwischen.

3. Und schon geht es weiter mit dem Dressing. Dafür die Avocado einmal längs halbieren, dabei den Kern aussparen und dann die beiden Hälften in entgegengesetzte Richtungen drehen – schon ist die Frucht geöffnet. Den Kern entfernen und das Fruchtfleisch mit einem Löffel aus der Schale holen. Die Avocado grob in Stücke schneiden und diese in den Mixer geben. Die Petersilie waschen, trocken schütteln und putzen. Nun gibst du die Petersilie, das Sesamöl, den Senf, die Sahne, die Milch und die Gewürze hinzu. Vergiss nicht den Limettensaft. Dieser verhindert, dass sich die Avocado braun färbt. Püriere alles. Falls dein Dressing jetzt noch zu dickflüssig ist, kannst du noch etwas Wasser hinzugeben.

4. Gib das Dressing nun über den Salat, garniere diesen mit den Toppings und serviere ihn sofort. Überschüssiges Dressing kannst du in einem Gläschen im Kühlschrank lagern und dann innerhalb weniger Tage aufbrauchen.

Tipp: Wirf den Avocadokern nicht weg! Auf Seite 58 findest du eine Anleitung, wie du daraus eine hübsche Avocadopflanze ziehen kannst. Das ist wirklich nicht so schwierig, wie du vielleicht denkst.

Heiß auf Himbeereis!

EISKALTER FRUCHTGENUSS

Ein Sommer ohne Eis ist einfach nur verschwendete Zeit,
oder? Aber es wäre nicht nur die Verschwendung einer
kompletten Jahreszeit. Viel schlimmer noch: Es wäre
eine mehr als trostlose Zeit! Monate ohne diese köstliche
Abkühlung, ohne diese süße Versuchung, ohne diese
herrliche Erfrischung – das wäre so unglaublich traurig,
dass es für mich schlichtweg undenkbar ist. Denn Sommer, Sonne und Eis gehören einfach zusammen. Und: Im
Sommer scheint immer der richtige Zeitpunkt für ein Eis
zu sein. Außerdem liebe ich es, wenn Menschen beim
Anblick ihrer Kugel Eis in Vorfreude anfangen zu lächeln
und von innen heraus zu strahlen. Gerade noch müde,
schlecht gelaunt, gestresst – und in Sekundenschnelle
glücklich. Eis ist einfach ein Glücklichmacher, der seinen
Job versteht und alle Sinne ansprechen kann! Mein
Extra-Plus für dich: Mit dem folgenden Rezept musst du
dich nicht an die Öffnungszeiten deiner Lieblingseisdiele
halten, sondern kannst innerhalb von Minuten einfach
selbst ein leckeres Eis zaubern – ganz ohne Eismaschine.
So kommt der Sommer direkt zu dir nach Hause!

Für 4 Personen

Das brauchst du:

- 250 g gefrorene Himbeeren
- 200 g Sahne
- 3 EL Zucker (nach Belieben mehr
  oder auch weniger)
- 4 Basilikumblätter

SO GEHT'S:

1. Leg ein paar Himbeeren für die Dekoration zur Seite. Gib dann die restlichen Himbeeren, die Sahne und den Zucker in eine Rührschüssel und lass alles ein paar Minuten ruhen. Die Zuckermenge kannst du übrigens nach Belieben variieren – je nachdem, wie süß du es eben magst.

2. Gib nun alles in den Mixer oder püriere die Zutaten mit dem Pürierstab, bis eine cremige Masse entstanden ist.

Tipp: Falls das Eis zu flüssig ist, kannst du es ganz kurz in das Tiefkühlfach stellen.

3. Fülle das fertige Eis nun in vier Gläschen, dekoriere diese mit den zur Seite gelegten Himbeeren und den gewaschenen Basilikumblättern. Und jetzt das Beste: Fang gleich an zu genießen!

Tipp: Du kannst dieses Eis natürlich auch mit anderen gefrorenen Beeren oder Früchten zubereiten, zum Beispiel mit Erdbeeren, Mangos oder Kirschen.

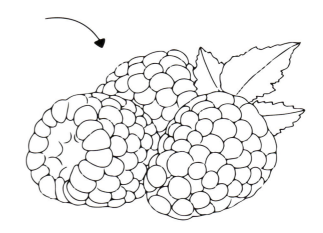

Süße Wimpelkette

WEIL JEDER TAG BESONDERS IST

Wimpelketten sind nicht nur etwas für Geburtstage, sondern können das ganze Jahr über Festtagsstimmung verbreiten. Das Tolle: Du musst dafür nicht unbedingt Stoffwimpel nähen, was umständlich sein kann, sondern kannst die Wimpel auch einfach aus Papier basteln. Das geht nicht nur schnell, sondern sieht mindestens genauso gut aus. Außerdem gibt es so viele schöne Papiersorten in den unterschiedlichsten Mustern und Farben. Da

fällt es einem wirklich schwer, sich zu entscheiden. Natürlich kannst du deine Wimpel auch selbst mit Mustern versehen! Aber ich finde, man kann ohnehin nie genug Wimpelketten haben. Also einfach drauflosbasteln, irgendwo findet sich immer ein Eckchen oder ein Anlass für dieses zuckersüße Accessoire.

Das brauchst du:

- festes Papier in verschiedenen Farben
- evtl. Stempel, Aufkleber, Bänder oder Washi-Tape
- Paketschnur
- unterschiedliche Stifte (z. B. Lackstift, Permanentmarker)
- Lineal oder Geodreieck
- Bleistift
- Schere
- Klebestift

SO GEHT'S:

1. Überlege dir im ersten Schritt, wie groß die Wimpel werden sollen. Ich habe mich hier für 14 cm Breite und 14 cm Höhe entschieden. Weißt du auch schon, wie lang deine Kette werden soll? Entsprechend viele Wimpel musst du vorbereiten. Für meine 170 cm lange Kette habe ich 11 Wimpel ausgeschnitten.

Bastle in der entsprechenden Größe eine drachenförmige Vorlage, um später zweiseitige Wimpel zu haben. Nimm dafür gern eine etwas festere Papiersorte. Du kannst dir im Internet eine geeignete Vorlage suchen und diese auf dein Vorlagenpapier übertragen. Alternativ kannst du deine eigene Form basteln. Falte dafür beispielsweise ein hochrechteckiges Blatt Papier horizontal in der Mitte. Falte es dann noch einmal vertikal. Zeichne mit Lineal und Bleistift jetzt ein Dreieck auf das Papier, sodass die zwei gefalteten Seiten des Papiers zwei der drei Schenkel des Dreiecks bilden. Dein Dreieck sollte genau ein Viertel deiner drachenförmigen Vorlage ausmachen. Schneide dieses Dreieck anschließend aus und entfalte das Papier zweimal. Schon hast du die drachenförmige Vorlage. Damit du später nicht durcheinanderkommst, beschriftest du die Vorlage am besten mit „Vorlage".

2. Nun kannst du die Vorlage auf das Papier übertragen. Umrunde dafür mit einem Bleistift die Vorlage und schneide die Formen danach aus.

3. Hast du genug Wimpel ausgeschnitten? Im nächsten Schritt darfst du sie verzieren. Ich habe hierfür einen schwarzen Marker und bunte Metallic-Stifte genutzt. Damit kannst du Muster oder Punkte malen, ganz wie es dir gefällt. Besonders harmonisch sieht es aus, wenn du die Farben der Papiere und die der Stifte aufeinander abstimmst. Du kannst natürlich auch Stempel, Aufkleber, Bänder oder Washi-Tape nutzen, um deine Wimpel zu verschönern.

Tipp: Du suchst die ideale Deko für eine Überraschungsparty? Dann personalisiere die Kette und schreibe beispielsweise „Happy Birthday" und den Namen des Geburtstagskinds darauf.

4. Weißt du schon, in welcher Reihenfolge du deine Wimpel aufhängen willst? Falte alle Wimpel horizontal in der Mitte, sodass wieder Dreiecke entstehen. Lege die Schnur zwischen die beiden Papierhälften und klebe diese mit ein bisschen Kleber zusammen. Möchtest du die Wimpel ganz eng an-

einanderreihen oder ein bisschen Platz dazwischen lassen? Das bleibt ganz allein dir überlassen. Falls die Wimpel nicht dicht an dicht hängen, solltest du auch ein wenig Kleber an der Faltlinie der Wimpel anbringen, damit die Schnur daran kleben bleibt und die Wimpel nicht hin- und herrutschen.

Tipp: Wenn du möchtest, kannst du die beiden Enden der Schnur noch verzieren, zum Beispiel mit Pompons oder Quasten (schau dafür mal auf Seite 168).

Jetzt kannst du die Wimpelkette schon aufhängen. Mir hat dieser Platz über dem Sofa gut gefallen. Und wo sorgt deine Wimpelkette für mehr Feierlaune in deinem Leben?

Tipp: Wenn deine Wimpelkette nicht zweiseitig sein muss, weil du sie beispielsweise an einer Wand aufhängst, kannst du mit folgendem Tipp Papier sparen: Schneide nur einseitige Dreiecke aus, stanze durch die beiden oberen Ecken je ein Loch und zieh die Schnur hindurch. Fertig!

Regalstyling

1.

3.

DO YOU
HAVE A NAME
OR CAN I CALL
YOU MINE

2.

ALL THE
THINGS
I NEED.

5.

A

4.

6.

Tipp:

PRAKTISCH & SCHÖN IN EINEM!

Ein Regal ist nicht einfach nur ein Ablageplatz. Im Gegenteil: Ich finde, es ist das Herzstück eines jeden Raums und kann die ganze Stimmung verändern. Wenn es chaotisch und unordentlich ist, wirkt sofort die gesamte Umgebung unruhig. Ein schön dekoriertes, ordentliches Regal wirkt dagegen sehr viel harmonischer. Deswegen ist es an der Zeit, sich das Regal als Ganzes mal ein bisschen genauer anzuschauen. Das Wichtigste aber zuerst: Überleg dir ein einheitliches Farbkonzept und stimme die Deko darauf ab. Ich habe mich hier für Rosa und Grün mit Gold-Akzenten entschieden. Du kannst sogar das Regal streichen oder besprühen, damit es sich besser in den Rest des Raums einfügt.

1. Pflanzen

Ein bisschen Grün lockert sofort den ganzen Raum auf. Das können Pflanzen in Töpfen, aber auch in Vasen sein. Achte aber darauf, dass Topfpflanzen trotzdem noch die für sie richtigen Lichtverhältnisse haben (siehe Seite 60). Sonst gehen sie schnell ein, was schade wäre. Blumentöpfe kannst du ganz einfach an dein Farbkonzept anpassen, wie du ab Seite 78 sehen kannst.

2. Gerahmte Bilder

Heutzutage gibt es tolle, günstige Kunstdrucke, die jede Umgebung sofort auflockern. Ich mag es, Bilder in schlichten Rahmen zu präsentieren, die ich einfach nur aufrecht hinstelle. Das Gold passt perfekt zu meiner restlichen Deko.

3. Kerzen

Ich liebe Duftkerzen. Die dürfen auch ruhig ein bisschen teurer sein, denn umso schöner und haltbarer ist der Duft. Die Duftrichtung kannst du dir ganz nach Geschmack und Zimmer aussuchen. Im Bad ist ein Meeresduft toll, im Schlafzimmer lässt Lavendel dich besser schlafen. Und im Wohnzimmer mag ich holzige Gerüche. Farblich abgestimmt macht eine solche Kerze eine tolle Stimmung.

4. Bücher

Bücher sehen besonders harmonisch aus, wenn du sie farblich gruppierst, zum Beispiel nach hellen oder pastellfarbenen Buchrücken. Du kannst sie entweder aufrecht stellen oder kleine Stapel daraus machen. Besonders schöne Cover hebst du hervor, indem du die Bücher frontal hinstellst.

5. Schachteln

Hübsche kleine Schachteln sind der ideale Ort, um herumliegenden Kleinkram zu sammeln, der sonst nicht in dein Regal passt. Denn der würde für Unordnung sorgen. Zudem sind solche einzeln verteilten Kleinteile superunpraktisch beim Saubermachen. Mit einer witzigen Botschaft versehen fügen sich Schachteln harmonisch in den Rest des Regals ein.

6. Decken

Um mich richtig wohlzufühlen, benötige ich immer eine Kuscheldecke in Greifweite. Umso schöner, wenn sie sichtbar ist. Ordentlich im Regal verstaut sorgen Decken für ein wohnliches Flair.

Fotobuch gestalten

ERINNERUNGEN FESTHALTEN

Machst du auch immer unzählige Fotos im Urlaub oder auf Feiern und schaust sie nachher nie wieder an? Mir passiert das viel zu häufig, und eigentlich finde ich das schade. In Erinnerungen zu schwelgen macht nämlich so viel Spaß. Deswegen habe ich wieder angefangen, Fotobücher zu gestalten – mit richtigen Fotos, eingeklebten Tickets und so weiter. Dabei gebe ich mir viel Mühe. Zum einen, weil es mir Spaß macht, zum anderen, weil ich die Bücher danach viel öfter zur Hand nehme und herzeige, wenn sie hübsch gestaltet sind. Mit den Tipps auf den nächsten Seiten inspiriere ich auch dich hoffentlich dazu, deine digitalen Fotos wieder öfter auszudrucken.

Das brauchst du:

- Fotobuch
- Fotoecken
- ausgedruckte Fotos
- Erinnerungsstücke
- Washi-Tape
- Sticker
- Zeitungen, Magazine etc.
- Verschiedene Stifte
- Marker
- Brush Pens oder Kalligrafie-Set
- Bastelpapier
- Stempel
- Schere
- Kleber oder Klebestreifen

SO GEHT'S:

Überlege dir zuerst, welche Fotos du wo platzieren möchtest. Bei Urlauben macht es Sinn, die Fotos einfach nach der chronologischen Abfolge zu ordnen, bei Feiern kannst du das auch thematisch machen und beispielsweise alle Food-Pics und alle Gäste zueinander sortieren. Befestige die Fotos und Erinnerungsstücke mit Fotoecken, Washi-Tape oder Kleber. Nun kommt der schöne Teil: Du darfst alle Seiten dekorieren. Die folgenden Inspirationen helfen dir hoffentlich dabei.

Bastelpapier

Mit Papier kannst du schöne Hintergründe zaubern oder es in Formen schneiden und diese auf den Seiten festkleben. Ich habe hier zum Beispiel aus Kraftpapier Kreise ausgestanzt.

Beschriftungen

Schreibe bei jedem Foto kurz dazu, wo und wann es aufgenommen wurde, und vielleicht auch, wen es zeigt. So vergisst du das später nicht und kannst dich immer daran erinnern.

Letterings

Es sieht besonders schön aus, wenn du passende Wörter oder kurze Sprüche mit einem Brush Pen oder Kalligrafie-Set letterst und sie so hervorhebst.

Stempel

Es gibt auch zahlreiche, unterschiedliche Stempelmotive für alle Anlässe – Reisen, Feiern, Hochzeiten, Baby-Bücher und so weiter. Stempel sind ein einfacher Weg, um deine Seiten noch ein bisschen mehr zu personalisieren.

Sticker

Mit thematisch passenden Stickern kannst du deinen Fotoseiten gleich einen ganz anderen Look verleihen. Im Bastelladen oder im Internet findest du eine große Auswahl. Wenn du gerne malst und zeichnest, kannst du natürlich auch selbst kleine Bildchen dazu malen.

Washi-Tape

Washi-Tape ist ein Allrounder und macht auch in einem Fotobuch richtig viel Spaß. Du kannst damit Fotos festkleben, Rahmen gestalten oder die Seiten dekorieren.

Zeitungsausschnitte

Falls du deine eigene Handschrift nicht allzu gern magst, kannst du auch einfach Buchstaben oder Wörter aus Zeitungen und Magazinen ausschneiden und diese in dein Fotobuch kleben.

ORDNUNG MUSS SEIN

Im Urlaub

Ich komme häufig mit Tausenden von Fotos und schönen Erinnerungen aus dem Urlaub zurück. Um die tollsten Momente für immer in Ehren zu bewahren, habe ich inzwischen ein paar Tricks:

1. Zuallererst gilt natürlich: Alle misslungenen Fotos werden sofort gelöscht. Verwackelte, verschwommene oder überbelichtete Bilder will wirklich niemand sehen. Also lösche ich diese einfach, ohne überhaupt noch mal darüber nachzudenken.

2. Ich versuche außerdem, von jedem Motiv nur ein einziges Foto zu behalten. Auch wenn ich mehrere Schnappschüsse mache, um das richtige Licht einzufangen und die perfekte Perspektive zu erwischen, lösche ich all die anderen Versuche, sobald ich das perfekte Bild geschossen habe.

3. Im Urlaub verfliegt die Zeit meist im Nu, und man erlebt so viel auf einmal. Ich nutze die „Offline"-Zeit im Flugzeug total gerne, um alle Fotos durchzugehen und auszusortieren. Ein Foto vom Frühstücks-buffet muss nicht sein, von einem wunderschönen Wasserfall aber schon.

4. So komme ich bereits mit einer minimierten Anzahl von Fotos nach Hause, die sich leichter überblicken lässt. Ich kann dann meist alle Fotos ausdrucken lassen, um damit mein Fotobuch zu gestalten.

Auf Feiern

Auf Feiern gilt grundsätzlich natürlich das Gleiche wie im Urlaub. Man macht zu viele Bilder, um auch wirklich mit jedem eine schöne Erinnerung zu haben. Allerdings verschwinden diese dann in den Untiefen unserer Handys. Umso schöner ist es, auf großen Veranstaltungen wie einer Hochzeit einen richtigen Fotografen zu engagieren, der von allen Gästen schöne Fotos schießt. Ein toller Gag für Feiern ist außerdem eine Polaroidkamera. Diese macht süße Sofortbilder, die man dann seinen Gästen mitgeben oder für ein späteres Fotobuch sammeln kann. Tipp: Ich persönlich mag den Vintage-Look dieser Bilder für Fotobücher sehr gern und nehme die Polaroidkamera deswegen auch mit auf Ausflüge und Reisen.

Freundebuch

MEHR ALS KINDHEITSERINNERUNGEN

Hattest du als Kind auch ein Freundebuch, in das all deine Freunde und Klassenkameraden schreiben durften? Diese schönen Erinnerungen habe ich mir auch Jahre später noch gerne angeschaut und dabei häufig lachen müssen. Was für lustige Berufswünsche dort verschriftlicht wurden. Wie viele Fußballstars und Tierärzte in spe ich früher in meinem Bekanntenkreis hatte! Seit Neuestem schreiben auch Erwachsene wieder Freundebücher, worüber ich mich richtig freue. So ein Buch bietet die Möglichkeit, auch mal wieder etwas Unerwartetes über unsere Liebsten zu erfahren. Deine beste Freundin wollte schon immer mal in die Mongolei reisen, und deine Tante träumt heimlich noch immer von einer Karriere als Sambatänzerin? Wer hätte das gedacht!?

Anlässe für ein Freundebuch unter Erwachsenen

Ein Freundebuch ist auch eine schöne (Geschenk-)Idee für Hochzeiten, Jubiläen und Geburtstagsfeiern. Wenn es ans Formulieren der Fragen geht, kannst du dir überlegen: Was möchte ich aus den anderen herauskitzeln? Was sind ihre sehnlichsten Wünsche? Worauf können sie nicht verzichten? Was können sie nicht ausstehen? Was hat sie geprägt? Für dein Freundebuch kannst du dir die verrücktesten Fragen ausdenken: Was würde ich mit einer Million Euro tun? Was ist mein unbekanntes Talent? Wer ist der größte Held meiner Kindheit? Außerdem solltest du ein bisschen Platz lassen, den deine Freunde dann individuell gestalten können, zum Beispiel mit lustigen Sprüchen oder witzigen Zeichnungen. Vielleicht kannst du noch ein paar Stickerbögen dazulegen, mit denen jeder seine Seite verzieren darf.

Selbst gemachte Freundebücher haben viele Vorteile

Das Schöne an einem selbst gemachten Buch ist: Du kannst es so aufbauen, wie du möchtest. Wenn du das Freundebuch beispielsweise anlässlich einer Hochzeit an das Brautpaar verschenken willst, dann lass doch ein paar Seiten frei, in denen Gäste ihre (anonymen) Ehetipps hinterlassen können. Egal, ob Hochzeit, Jubiläum oder Geburtstag: Passe die Fragen an das jeweilige Event an. Dein Freund bricht zu einer Weltreise auf, und du suchst das perfekte Abschiedsgeschenk? Dann stell doch Fragen nach den liebsten Reisezielen sowie den besten Reisetipps und lass jeden Gast eine Seite ausfüllen.

Tipp: Mit einer Polaroidkamera hat die Ausrede „Ich habe gerade kein Foto dabei" keine Chance mehr. Knips einfach an Ort und Stelle ein Foto von jedem, der eine Seite ausfüllt, und kleb es direkt ein.

Die schönsten Erinnerungen sammelt man immer gemeinsam.

Im Sommer geht's nicht ohne ...

... SONNENBRILLE

Sommer ohne Sonnenbrille? Undenkbar! Sie sind nicht nur superpraktisch, sondern ein tolles Accessoire, das gleich ein ganzes Outfit aufwerten kann. Davon kann man nie genug haben.

... MELONEN

Ob als Stoffmuster, Salat oder im Eistee: Melonen gehören einfach zum Sommer dazu. Sie schmecken superlecker, rehydrieren den Körper und machen immer gute Laune.

... PICKNICKDECKE

Warum immer am Mittagstisch essen? Schnapp dir eine Picknickdecke und gehe mit deinen Freunden eine Runde grillen.

... KAMERA

Der Sommerurlaub steht an? Dann vergiss deine Kamera nicht! Jetzt ist der richtige Zeitpunkt, um schöne Erinnerungen festzuhalten, an denen du dich das restliche Jahr über erfreuen kannst.

... GIRLANDEN

Sommerzeit ist Partyzeit. Und nichts sorgt für mehr fröhliche Feierlaune als bunte Girlanden. Lichterketten sind hingegen perfekt für einen Romantikabend auf dem Balkon.

Kapitel 4

Herbst

Meine Bucket List

- ☐ Kürbisse schnitzen
- ☐ Kürbissuppe kochen
- ☐ die Wohnung herbstlich dekorieren
- ☐ Duftkerzen aufstellen
- ☐ Herbstblätter sammeln und pressen
- ☐ Apfelkuchen backen
- ☐ an Halloween Gruselfilme schauen
- ☐ eine Halloween-Party schmeißen
- ☐ gruselig verkleiden
- ☐ jemanden erschrecken
- ☐ Drachen steigen lassen
- ☐ ganz viel heißen Tee trinken
- ☐ Kuschelsocken rauskramen
- ☐ vor einem Kamin sitzen

- [ ] Lichterketten aufhängen
- [ ] ein heißes Bad mit viel Schaum im Kerzenschein nehmen
- [ ] dick anziehen und einen Herbstspaziergang machen
- [ ] Bananenbrot backen
- [ ] Movie Night mit Cookies und Kuscheldecke veranstalten
- [ ] Marshmallows über einem Lagerfeuer grillen
- [ ] sich mit Freunden eine Laubschlacht liefern
- [ ] Kastanien sammeln
- [ ] das Oktoberfest besuchen
- [ ] Boots, Pullover und Schals tragen
- [ ] Maissuppe kochen
- [ ] ein kreatives Hobby starten wie Zeichnen oder Stricken
- [ ] ein Fotoshooting an einem sonnigen Herbsttag machen
- [ ] Pyjamaparty mit deinen Liebsten veranstalten
- [ ] ein Picknick im Laub machen
- [ ] ein Museum besuchen

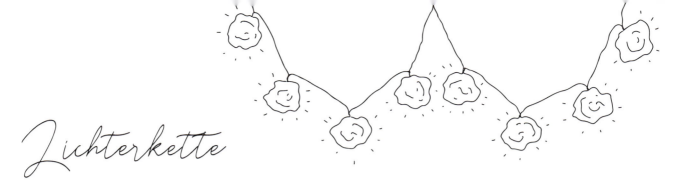

Lichterkette

ÜBER DEN WOLKEN

Hast du auch mal davon geträumt, auf einer Wolke zu schlafen? Wie fühlt sich das wohl an? Welchen Geruch haben Wolken? Kann man sie ertasten? Und: Ob man von dort die Sterne genauer sehen kann? Glaubst du, man sinkt etwas in die Wolke rein, wenn man sich darauflegt? Ich stelle es mir auf jeden Fall sehr behaglich vor. So gemütlich, dass man sofort ein kleines Schläfchen machen möchte und auch gleich selig einschlummert. Ein Ort voller Ruhe und Bequemlichkeit. Was glaubst du? Wie stellst du dir ein solches himmlisches Vergnü-

gen vor? Das Tolle: Mit dieser Lichterkette bist du nicht mehr weit von diesem Erlebnis entfernt. Sie sieht super-süß aus, ist aber überhaupt nicht schwer zu basteln. Mit einer warm leuchtenden oder blinkenden Lichterkette schaffst du so ganz leicht eine unvergleichliche Atmosphäre. Die Wolkenkette ist eine tolle Deko fürs Schlaf-zimmer oder Wohnzimmer. Aber nicht nur das. Auch eine Mottoparty kannst du damit ohne viel Aufwand aufpeppen.

Das brauchst du:

* LED-Lichterkette
* Tischtennisbälle (so viele, wie deine Lichterkette Lämpchen hat)
* weiße Bastelwatte
* Nagelschere oder Cuttermesser
* Heißklebepistole oder Kleber

Tipp: Ich habe mich hier für eine LED-Lichterkette entschieden, weil sie nicht so heiß wird wie normale Lichterketten. Watte ist schließlich ziemlich brennbar. Vorsicht ist besser als Nachsicht. Das gilt besonders, wenn man sich beim Anblick der Lichterkette himmlischer Ruhe hingeben möchte. Denn: Gut vorgesorgt entspannt man gleich doppelt so gut.

SO GEHT'S:

1. Zuerst bereitest du die Tischtennisbälle vor. Stich mit einer Nagelschere oder einem Cuttermesser ein kleines Loch in jeden Ball, sodass du geradeso ein Lämpchen der Lichterkette hindurchstecken kannst. Mach das Loch am Anfang wirklich nur sehr klein, damit die Bälle nachher auch fest genug an der Lichterkette sitzen.

Bereite nun die Watte vor. Zieh ein handgroßes Stück leicht auseinander, um sie aufzulockern. Bedenke, dass deine Wolken richtig fluffig sein sollen. Nimm also nicht zu wenig Watte.

2. Platziere nun einige Klebepunkte auf jedem Tisch- tennisball und lege die Watte vorsichtig darum. Warte kurz, bis der Kleber richtig getrocknet ist.

3. Nun steckst du je einen Ball auf ein Lämpchen der Lichterkette. Wenn du das Loch nicht zu groß ge- macht hast, hält er von allein. Andernfalls kannst du mit ein paar Tropfen Heißkleber nachhelfen.

Zieh jetzt noch mal die Watte zurecht, sodass kleine, leuchtende Wolken entstehen.

Häng die Lichterkette an einen schönen Ort und ge- nieße die kuschelige Atmosphäre. Wo aber könnte das sein? Wer die Wahl hat, hat die Qual. Nimm dir einfach die himmlische Deko und verschönere damit nach und nach die unterschiedlichsten Ecken deiner Wohnung: einfach mal ausprobieren. Wie wäre es mit der Gar- dinenstange? Oder deinem Regal? Oder einem Bild? Natürlich kannst du auch eine Wand mit der Kette deko- rieren. Welche Variante gefällt dir am besten?

Tipp: Du möchtest einen ganzen Wolkenhimmel? Dann kannst du auf die gleiche Weise auch richtig große Wolken schaffen. Verwende statt der Tischten- nisbälle einfach einen runden Lampenschirm und kle- be die Watte darauf. Wenn du noch kleine, blinkende Lichterketten daran befestigst, die herunterhängen, hast du eine atmosphärische Regenwolke geschaffen. Kleine Wattebäusche an einer Schnur stellen hinge- gen fallende Schneeflocken dar. So bist du für jedes Wetter gewappnet.

Kürbis schnitzen

SCHAURIG-SCHÖN

Du suchst noch die richtige Deko für deine Halloween-Party oder möchtest deinen Balkon herbstlich schmücken? Dann kommst du an einem selbst geschnitzten Halloween-Kürbis nicht vorbei. Der sieht nicht nur cool aus, das Schnitzen macht auch total viel Spaß. Du kannst deiner Kreativität freien Lauf lassen und die lustigsten Gesichter schnitzen. Für mich gehört so ein Halloween-Kürbis deswegen auf jede Herbst-Bucket List.

Tipp: Wenn du deinen Kürbis auswählst, achte darauf, dass er groß genug und noch sehr frisch ist. Er sollte nirgendwo beschädigt sein und keine weichen Stellen aufweisen, denn schließlich soll er eine Weile halten. Grundsätzlich kannst du jede Kürbissorte nehmen, aber manche eignen sich zum Schnitzen besser als andere. Die Klassiker sind Jack O'Lantern und Early Harvest, aber du kannst auch einen Hokkaido-Kürbis verwenden, weil er die ideale Form für eine herrliche Fratze hat. Die schönsten und günstigsten Exemplare bekommst du übrigens direkt beim Bauern.

Das brauchst du:

- Kürbis
- Permanentmarker
- Teelicht im Glas, LED-Kerze oder LED-Lichterkette
- scharfe, schmale Messer mit unterschiedlicher Klinge
- kleine Schaufel, Eisportionierer oder stabiler, großer Löffel
- evtl. Plätzchenausstecher und Hammer
- evtl. Haarspray
- evtl. Küchenhandschuhe

SO GEHT'S:

1. Zuerst schneidest du den „Deckel" des Kürbisses ab. Zeichne dafür am besten einen etwas größeren Kreis um den Strunk herum und schneide diesen anschließend mit dem Messer nach. Mit ein wenig Übung kannst du auch auf das Vorzeichnen verzichten. Achte darauf, deine Schnittkante so anzuschrägen, dass der Deckel genug Auflagefläche hat und später nicht in den Kürbis hineinfällt. Mach die Öffnung nicht zu klein, denn du musst gut hineinfassen können, um den Kürbis auszuhöhlen.

2. Hole nun die Kürbiskerne und die fasrigen Samenstränge heraus. Anschließend kratzt du mit einer Schaufel, einem Eisportionierer oder Löffel das weiche Fruchtfleisch heraus. Falls du möchtest, dass später dein ganzer Kürbis leuchtet, solltest du hier sehr gründlich vorgehen und möglichst viel Fruchtfleisch ablösen. Mit einer Kerze oder einer Taschenlampe kannst du immer wieder testen, wie dünn deine Wand noch werden muss. Ein etwa 2 cm dicker Rand ist ideal. Dünner sollte er nicht werden – sonst wird dein Kürbis zu instabil.

3. Jetzt kannst du schon dein Horrorgesicht vorzeichnen – oder hast du mehr Lust auf einen Kürbis-Sternenhimmel? Das bleibt dir überlassen. Ich habe mich diesmal für die gruselige Variante entschieden. Je mehr Details dein Entwurf hat, umso schwieriger wird später das Ausschneiden. Also versuche dich am Anfang ruhig an einfacheren Gesichtern.

4. Nun kannst du dein Kürbisgesicht schnitzen und dich dabei an den vorgezeichneten Linien orientieren. Um gleichmäßige Formen zu schaffen, zum Beispiel für die Augen, kannst du Plätzchenausstecher verwenden. Lege diese auf die entsprechenden Stellen und schlage sie vorsichtig mit einem festen Gegenstand in den Kürbis.

5. Jetzt fehlt nur noch das Licht. Wenn du eine echte Kerze verwenden möchtest, nimm am besten ein Teelicht in einem Glas, das ist am sichersten.

Ich verwende auch gerne LED-Kerzen oder eine kleine LED-Lichterkette. Da diese nicht so warm werden, hält sich der Kürbis auch länger. Fertig ist dein schaurig-schöner Begleiter durch die Halloween-Zeit!

Halloween-Look

Das brauchst du:

- Lidschatten in Braun, Lila, Schwarz
- Eyeliner in Schwarz
- Make-up, Concealer und Bronzer
- falsche Wimpern
- Glitzerpigmente
- dunkler Lippenstift (z. B. Dunkellila, Bordeaux oder Schwarz)
- sehr heller Highlighter
- weiße oder farbige Kontaktlinsen
- falsches Septum-Piercing mit Kette
- Tuch mit Goldblättchen, Stickereien oder mit Boho-Muster
- passendes Oberteil

GRUSELIGE WAHRSAGERIN

Schon Mitte November beginnt bei mir jedes Jahr die Vorfreude auf Geister und Grusel. Ende November, am Abend bzw. in der Nacht vor Allerheiligen, ist es endlich so weit: Halloween! Dann ist die Zeit der gruseligen Kostüme, toll geschminkten Fratzen, furchterregenden Grimassen und leuchtenden Kürbisse, aber auch der verzierten Snacks im Grusel-Look gekommen. Ich persönlich liebe es, mich zu Halloween zu verkleiden. Aber übergroße Kostüme oder Masken sind nicht mein Ding. Deswegen zeige ich dir hier ein schnelles Halloween-Make-up, für das du sicher alles zu Hause hast. Als gruselige Wahrsagerin jagst du außerdem allen einen Schrecken ein, wenn du sie mit einem bösen Fluch belegst. Denn mit Flüchen ist nicht zu spaßen. Das ist jedem bewusst. Gerade am Tag der Hexen, Monster und Vampire. Ganz nach dem Motto: Süßes oder Saures!

SO GEHT'S:

1. Ausgangsbasis ist dein Gesicht, auf das du ganz normal Make-up, Concealer und Bronzer aufgetragen hast.

2. Beginne mit dem braunen Lidschatten. Trage diesen auf das komplette Lid auf und ziehe ihn schweifartig weit über das Auge hinaus Richtung Schläfe.

3. Danach folgt der lilafarbene Lidschatten: Trage diesen ausgehend von der Mitte des Auges auf – ebenfalls schweifartig weit Richtung Schläfe. Die beiden Farben nun gut verblenden. Zum Schluss folgt ein wenig schwarzer Lidschatten, der im Lila ausläuft.

4. Verblende noch den schwarzen Lidschatten. Ziehe nun einen Lidstrich mit dem Eyeliner und klebe dann die falschen Wimpern auf.

5. Trage als Nächstes Glitzerpigmente unter den Augen auf. Außerdem brauchst du ein wenig Highligter auf Nasenspitze, Nasenrücken, Oberlippe, unter den Augenbrauen und auf den Wangenknochen.

6. Dann folgt ein dunkler Lippenstift. Dafür kannst du entweder ein Dunkellila, Bordeauxrot oder sogar Schwarz nehmen – wie du möchtest.

7. Male mit einem sehr hellen Concealer nun kleine Punkte unter die Augen und über die Augenbrauen. Zeichne außerdem eine Mondsichel auf die Stirn. Zum Schluss noch etwas Highlighter über die Oberlippe tupfen.

8. Wenn du willst, kannst du nun weiße oder farbige Kontaktlinsen einsetzen, um den Look noch gruseliger zu gestalten.

Ein gefaktes Septum-Piercing mit einer Kette zum Ohr gibt dem Look noch etwas besonders Mysteriöses. Ein über den Kopf gelegtes Tuch mit Goldblättchen, ähnlich wie sie Bauchtänzerinnen um die Hüfte tragen, Stickereien oder Boho-Muster rundet das Outfit ab. Das macht richtig was her: So verleihst du deinem Auftritt optisch viel Nachdruck.

Tipp: Du kannst auch viele andere Kostüme mit Make-up zaubern und dich zum Beispiel als Zombie schminken. Im Internet findest du zahlreiche Inspirationen. Probiere einfach verschiedene Looks aus und schau, was dir am besten gefällt.

Fußmatte

MEHR ALS EIN FUSSABTRETER

Sie werden jeden Tag mit Füßen getreten, dabei machen sie doch nur ihren Job: Fußmatten schenkt man selten viel Aufmerksamkeit. Denn häufig genug sind diese Rechtecke, die vor Wohnungstüren liegen, mehr als unscheinbar – haben gar kein Design und fallen in keinster Weise ins Auge. Man übersieht sie schlichtweg. Schlimmer noch: Manchmal „übergeht" man sie im wahrsten Sinne des Wortes. Eigenartig, oder? Denn: Sie sind doch das Erste, was man sieht, wenn man eine Wohnung betritt, und das Letzte, wenn man diese wieder verlässt. Gerade wenn man irgendwo das erste Mal ist und nach dem Klingeln darauf wartet, dass die Haustür geöffnet wird, ist die Fußmatte mitunter das erste sichtbare Deko-Element. Und damit auch die erste Sache, die Rückschlüsse auf ihren Besitzer bzw. ihre Besitzerin zulassen könnte. Aber auch der erste Gegenstand, der Gäste willkommen heißen kann. Wie viel schöner ist es deswegen für die Besucher, aber natürlich auch für die Bewohner, von einer fröhlichen, hübsch gestalteten Matte begrüßt zu werden? Von einer Fußmatte mit Charakter, Ausstrahlung und Flair. Die musst du nicht für teures Geld kaufen. Denn: Hier zeige ich dir, wie du deine eigene Fußmatte ganz leicht aufwerten kannst, indem du sie mit süßen Dreiecken verschönerst.

SO GEHT'S:

1. Zuerst geht es an die Vorlage für das Dreieck. Natürlich kannst du auch eine andere Form wie einen Kreis oder Stern wählen. Zeichne die gewünschte Form mit einem Bleistift auf die Vorlagepappe und schneide sie aus. Selbstverständlich kannst du die Vorlage auch ohne Vorzeichnen ausschneiden. Nimm nun das Pappstück in der Größe deiner Fußmatte zur Hand. Übertrage die Vorlage an verschiedenen Stellen auf die Pappe, bis das Ganze harmonisch aussieht.

2.

Nimm die Schablone nach dem Sprühen sofort von der Fußmatte, damit sie nicht kleben bleibt. Lass die Farben entsprechend der Anleitung auf den Spraydosen trocknen – und schon ist deine neue Fußmatte fertig. Für besseren Halt kannst du zum Schluss noch eine Schicht Klarlack aufsprühen.

Tipp: Natürlich kannst du auch andere Formen wählen. Wie wäre es mit dem geletterten Wort „Hello", das dich und all deine Gäste fröhlich begrüßt? Drucke dir dafür eine Vorlage in der richtigen Größe aus und übertrage sie mit Kohlepapier auf die Pappe. Befolge die restlichen Schritte genauso wie oben beschrieben.

2. Schneide nun die Dreiecke mit einem Skalpellmesser oder einem Cuttermesser aus. Das kannst du gleich auf der Fußmatte machen, sie ist eine perfekte Schneideunterlage. Jetzt hast du eine fertige Schablone.

Tipp: Zum Sprühen gehst du am besten nach draußen und benutzt eine alte Zeitung als Unterlage. Positioniere die Schablone auf der Fußmatte und fixiere sie bei Bedarf mit ein paar schweren Gegenständen oder ein bisschen Kreppband.

3.

3. Sprühe nun durch die dreieckigen Löcher deiner Schablone mit verschiedenen Farben auf die Fußmatte. Ich habe mich hier für Schwarz und Gold entschieden und diese abwechselnd auf der Matte verteilt.

Tipp: Streife am besten vor dem Sprühen kurz Gummihandschuhe über, damit du nachher nicht mehr Lack auf den Händen als auf der Fußmatte hast.

Strickjacke

JETZT WIRD ES GEMÜTLICH!

Wenn der Sommer sich langsam seinem Ende entgegenneigt und es draußen wieder kühler wird, kramen wir die dicken Sachen aus dem Kleiderschrank. Ich liebe es, die letzten warmen Stunden im Herbst zu genießen, aber schon wärmende Kleidung griffbereit zu haben für die Zeit, wenn die Sonne verschwindet und der Wind kühler wird. Wärmende Kleidung: Das sind für mich schöne Wollsachen mit Wohlfühlfaktor, die sich sanft auf der Haut anfühlen. Stoffe, die wir gerne berühren, die uns Wärme und Wohlbefinden spenden. Allein der Gedanke, bei einem Anflug von aufkommender Kälte eine flauschi-

ge Jacke überziehen zu können, macht mich glücklich. Immer wieder heißt es, Wintermode sei langweilig. Aber das stimmt nicht im Geringsten. Du denkst, Strickjacken sind nur was für Omas? Eben oldschool! Von wegen! Sie halten uns warm, wenn es draußen wieder ungemütlich wird. Außerdem sind sie vielseitig genug, um damit wirklich zu jedem Anlass perfekt angezogen zu sein. Das kannst du nicht glauben? Dann lass dich überzeugen! Auf den folgenden Seiten zeige ich dir sechs verschiedene Looks, mit denen du die kühle Jahreszeit für dich hoffentlich ein bisschen kuscheliger machen kannst.

FEMININ

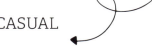

CASUAL

Für mich haben Strickjacken immer einen gewissen Schul-Vibe. Deswegen habe ich sie diesmal mit einer Retro-Jeans und einem Boyfriend-Shirt kombiniert. Sneaker, Brille und Rucksack runden das Outfit ab. Back to school?

Wenn es richtig kalt wird, braucht es manchmal eine Extraschicht. Hier habe ich einen Rollkragenpullover unter die Strickjacke gezogen. Der lange Rock hat die perfekten Herbstfarben. Bei Bedarf kann man darunter ganz einfach eine dicke Strumpfhose verstecken. Superpraktisch, oder? Das ideale Outfit, um bei wärmendem Sonnenlicht zu flanieren. Für einen goldenen Herbst – in der Natur und im Herzen.

COOL

Auch Strickjacken können sexy sein – wenn man sie nur bis zur Hälfte zuknöpft, eine Schulter frei lässt und etwas schwarze Spitze herausblitzen lässt. Sexy meets cool. Denn: Um das Ganze auszubalancieren, habe ich eine hoch geschnittene schwarze Jeans und schwere Boots dazu kombiniert. Dadurch ergibt sich ein interessanter Kontrast …

PARTY

Für diesen Look habe ich die offene Strickjacke einfach über Kreuz in die Hose gesteckt. So entsteht ein etwas anderer schulterfreier Look. In Kombination mit schicken Schuhen und einer schwarzen Hose ist das Outfit gleich fertig – wohin soll's gehen?

ELEGANT

Zuknöpfen war gestern, heute knoten wir Jacken einfach. Das verleiht dem Outfit eine gewisse Lässigkeit. Kombiniert mit einer leichten Stoffhose und schicken Schuhen sieht das auch richtig elegant aus und erinnert noch ein bisschen an laue Sommerabende.

RÜCKWÄRTS

Wenn man das Leben schon nicht rückwärts leben kann, kann ich zumindest die Strickjacke falsch herum tragen, oder? Durch den tiefen V-Ausschnitt gibt es am Rücken genug Platz für ein spannendes Detail. Ich habe mich hier für ein süßes Unterteil in Häkeloptik entschieden. Wichtig ist, dass es ein Eyecatcher ist, der dort hervorlugt. Was würdest du wählen?

Backe, backe Apfelkuchen

HERRLICH DUFTENDE VERLOCKUNG!

Der Abschied des Sommers geht immer mit der Ankunft des Herbsts einher: Aber wann ist der Herbst für dich offiziell eingeläutet? Kannst du das an etwas festmachen? Gibt es für dich einen speziellen Tag oder ein besonderes Event dafür? Bei mir ist das definitiv der Fall, wenn der leckere Duft von warmen Äpfeln und Zimt endlich durch die Wohnung zieht und jede noch so kleine Ecke der Zimmer durchströmt. Herrlich! Sobald ich diesen Duft in der Nase habe, ist die Vorfreude auf diese kulinarische Köstlichkeit geweckt. Apfelkuchen – das ist für

mich Verführung pur! Ich liebe diesen Kontrast zwischen eisiger Kälte und wohltuender Wärme: Während es draußen stürmt und der Wind die bunten Blätter von den Bäumen weht, gibt es für mich nichts Besseres als ein Stück vom warmen Apfelkuchen und eine heiße Tasse Tee, mit denen ich es mir gemütlich mache. Allein schon dieser Duft verbreitet Ruhe und Gelassenheit. Dann lehne ich mich entspannt zurück, schließe meine Augen und genieße diesen Moment des Glücks. Auch du bist diesem wunderbaren Augenblick nicht fern. Denn: Hier verrate ich dir mein liebstes Apfelkuchenrezept.

Das brauchst du:

… für den Mürbeteig:
- 450 g Dinkelmehl
- 300 g kalte Butter
- 1 Ei
- 1 Eigelb
- 100 g Zucker
- ½ Fläschchen Bittermandelaroma
- 1 Prise Salz

… für die Füllung:
- 1 kg Äpfel
- 2 EL brauner Zucker
- 2 EL Zitronensaft
- 1 EL Speisestärke
- ¼ TL Zimt

… zum Bestreichen:
- 1 Eigelb

… zum Backen
- Tarte-Form oder Kuchenform (26 cm Durchmesser)
- etwas Fett für die Form
- evtl. etwas Mehl für die Form
- 500 g trockene Nüsse deiner Wahl

… zum Verzieren:
- Vanilleeis oder Puderzucker

Tipp: Wusstest du, dass es allein in Europa mehr als 20.000 Apfelsorten gibt? Aber nicht alle eignen sich gut für einen leckeren Apfelkuchen. Ich nehme für dieses Rezept am liebsten die Sorten Boskop oder Elstar.

1.

SO GEHT'S:

1. Du fängst mit dem Mürbeteig an. Gib alle Zutaten dafür in eine Schüssel und verknete sie mit einem Knethaken des Handmixers oder den (sauberen) Händen, bis sich ein fester, gleichmäßiger Teig ergibt. Schlage diesen nun in Klarsichtfolie ein und lass ihn für mindestens eine halbe Stunde im Kühlschrank ruhen. Wenn du mehr Zeit hast, kannst du den Teig auch länger dort lassen, dann schmeckt er später noch besser.

2. In der Zwischenzeit kannst du schon die Füllung vorbereiten. Zuerst die Äpfel schälen, vierteln, entkernen und in kleine Stücke schneiden. Vermische sie dann zügig mit den anderen Zutaten. Der Zitronensaft verhindert übrigens, dass die Äpfel braun werden.

Nimm nun den Mürbeteig wieder aus dem Kühlschrank und heize den Backofen auf 180 °C Ober-/Unterhitze oder 160 °C Umluft vor. Fette deine Form ein und schwenke am besten etwas Mehl darin, damit dein Kuchen später nicht festklebt.

3. Teile zwei Drittel des Teigs ab und rolle ihn auf einer bemehlten Arbeitsfläche aus, bis er etwa 3 mm dick und etwas größer als deine Kuchenform ist. Und nun kommt der schwierige Teil: Du musst den ausgerollten Teig – ohne dass er zerreißt – in die Form legen. Dafür rolle ich den Teig auf das Nudelholz und rolle ihn dann über der Form wieder ab. So geht meistens nichts kaputt. Falls doch, kannst du den Teig auch einfach mit den Fingern wieder etwas zusammendrücken. Forme anschließend einen schönen Rand.

4. Jetzt geht es an das sogenannte Blindbacken. Der Teig wird dabei kurz mit Nüssen belegt vorgebacken, damit er nicht aus der Form gerät. Steche dafür mit der Gabel einige Löcher in den Teigboden und belege ihn mit Backpapier. Verteile dann die Nüsse gleichmäßig darauf und backe das Ganze 15 Minuten auf einer Schiene im unteren Drittel des Backofens.

5. Dann einfach die Nüsse sowie das Backpapier entfernen und den Boden kurz auskühlen lassen, bevor du die Apfelmischung darauf verteilst.

6. Rolle in der Zwischenzeit den restlichen Teig auf einer bemehlten Arbeitsfläche glatt aus und schneide ihn in 2 cm breite Streifen. Diese kannst du nun gitterförmig über dem Kuchen verteilen. Bestreiche das Gitter anschließend mit verquirltem Eigelb, damit es später schön glänzt.

Gib den Kuchen nun für 35 Minuten bei der oben genannten Temperatur in den Ofen, bis er goldbraun ist. Am besten schmeckt er noch warm direkt aus dem Ofen mit einer Kugel Vanilleeis. Hmmmmm, lecker! Du kannst ihn aber auch mit Puderzucker bestäuben und kalt servieren.

Tipp: Die zwei übrig gebliebenen Eiweiße kannst du zu feinen Baisers verarbeiten. Schlage sie dafür steif, gib 100 g Zucker hinzu, bringe die Masse auf einem Backblech mithilfe eines Löffels oder eines Spritzbeutels in schöne Formen und backe diese bei 100 °C Heißluft eine gute Stunde im Ofen. Fertig!

Kichererbsen-Snack

GESUNDER GENUSS!

Yeah! Endlich steht mal wieder eine Movie Night auf dem Programm! Also ab aufs Sofa, Kuscheldecke raus und Chillzone einrichten. Halt: Da fehlt aber noch etwas! Was? Klar doch! Auch für das leibliche Wohl muss gesorgt sein – wie es immer so schön heißt. Konkret meint dies: Neben Getränken dürfen auch Snacks nicht fehlen. Was wäre ein Abend vorm Fernseher ohne die? Aber was ist, wenn du keine Lust auf Chips oder Popcorn hast? Kein Thema! Dann habe ich hier eine leckere und gesunde Alternative für dich: einen knusprigen Kichererbsen-Snack. Das Tolle: Die Hülsenfrüchte sind wahre Proteinbomben, supergesund und schmecken dazu noch köstlich. Das geht nicht, meinst du: lecker und gesund? Doch: Überzeug dich selbst! Aber jetzt kommt noch das Beste: Es ist der ideale Snack, wenn es mal schnell gehen muss.

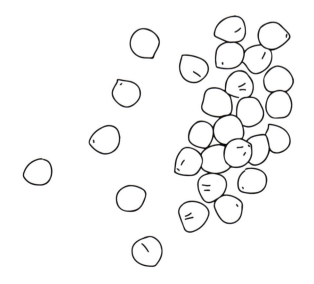

Das brauchst du:

- 2 Dosen Kichererbsen (jeweils 300 g)
- 1 EL Öl (z. B. Bratöl)
- Gewürz nach Belieben (z. B. Paprika- oder BBQ-Gewürz)

1.

SO GEHT'S:

1. Wasche die Kichererbsen gründlich in einem Sieb ab und trockne sie anschließend auf einem Küchentuch. Du kannst sie auch kurz auf eine warme Heizung legen, damit sie so viel Flüssigkeit wie möglich auf diese Weise verlieren. Je trockener sie sind, umso knuspriger werden sie später.

2. Fülle die Kichererbsen dann in die Schüssel und gib das Öl darüber. Achte darauf, nicht zu viel Öl zu verwenden. Auch dann kann das Ergebnis schnell matschig werden. Vermisch alles gründlich.

2.

Heize den Backofen auf 180 °C Umluft vor.

3. Verteile die Kichererbsen nun gleichmäßig auf einem mit Backpapier ausgelegtem Backblech. Lass dabei möglichst etwas Platz zwischen den einzelnen Erbsen.

Backe alles eine knappe halbe Stunde und rüttle zwischendurch ein- oder zweimal am Blech, um die Erbsen zu drehen. So werden sie rundherum knusprig. Alternativ kannst du die Erbsen auch mit einem Pfannenfreund wenden. Das ist nur manchmal gar nicht so einfach.

4. Hol die Kichererbsen aus dem Ofen und gib sie in eine Schüssel.

5. Nun kannst du sie beliebig würzen. Besonders lecker finde ich Paprika- oder BBQ-Geschmack, aber vielleicht fällt dir noch eine bessere Note oder sogar eine Geschmackskombination ein.

DARUM SIND KICHERERBSEN SO GESUND

Kichererbsen sind super vielseitig – du kannst sie zu Hummus, Falafel oder einem leckeren Curry verarbeiten. Vor allem sind sie aber richtig gesund. Sie haben wenig Kalorien, aber dafür einen hohen Protein- und Ballaststoffgehalt. Das heißt, sie machen lange satt und halten den Blutzuckerspiegel auf einem niedrigen Niveau. Klingt super, oder? Außerdem enthalten sie wichtige Nährstoffe wie Eisen und Kalzium, Vitamine, essenzielle Aminosäuren, Zink und Magnesium. Ganz ohne Reue macht Snacken doch wirklich Spaß. Was will man mehr?

Aber Achtung!
Kichererbsen darfst du immer nur im gekochten Zustand verzehren, sonst sind sie giftig.

Tipp: Du kannst natürlich auch getrocknete Kichererbsen verwenden. Diese solltest du dann aber mindestens zwölf Stunden, besser 24 Stunden einweichen und anschließend für etwa zwei Stunden kochen. Deswegen sind Gläser oder Dosen mit fertigen Kichererbsen einfach unkomplizierter im Alltag.

Zuckersüße Zimtschnecken

Das brauchst du:

... für den Teig:
- 200 ml Milch
- 7 g Trockenhefe oder 20 g frische Hefe
- 80 g weißer Zucker
- 500 g Mehl
- 75 g weiche Butter
- 1 Ei
- 1 TL Vanillemark (oder Vanillepaste)
- 1TL Zimt
- 1TL gemahlener Kardamom
- 1 Prise Salz

... für die Füllung:
- 100 g brauner Zucker
- 2–3 TL Zimt
- ½ TL gemahlener Kardamom
- ½ TL Vanillemark (oder Vanillepaste)
- 100 g Butter

... zum Bestreichen und Bestreuen:
- 1 Eigelb
- 1 Schuss Milch
- Hagelzucker nach Belieben

WAHRER SEELENBALSAM!

Zimtschnecken schmecken einfach nach Schweden, nach Astrid Lindgren, nach Lönneberga und Bullerbü – findest du nicht auch? Daher verwundert es nicht, dass diese kulinarischen Highlights zum Standardrepertoire skandinavischer Bäckereien gehören. Aber hättest du gedacht, dass der 4. Oktober in Schweden sogar als „Tag der Zimtschnecke" gefeiert wird? Klar, diese Kringel schmecken vorzüglich. Gar keine Frage. Aber schnell könnte sich einem die Frage stellen, was an diesem Backwerk so besonders ist. Was kann es, was andere süße Köstlichkeiten aus dem Backofen nicht können? Ich weiß ja nicht, wie es dir geht, aber für mich bieten Zimtschnecken eine sensationelle Kombination aus fluffigem Hefeteig, feiner Füllung und knackigem Topping. Na, habe ich dir jetzt den Mund erfolgreich wässrig gemacht? Hast du nun das Gefühl, dieses seelenschmeichelnde gekringelte Glück unbedingt sofort verspeisen zu müssen? Wenn ja, habe ich eine gute Nachricht für dich: Du musst nicht gleich nach Schweden reisen, um die sogenannten „Kanelbullar" zu genießen, sondern kannst sie ganz einfach in deiner heimischen Küche zaubern und dir so das skandinavische Hygge-Gefühl nach Hause holen. Jetzt – sofort. Hier verrate ich dir, wie einfach das ist.

2. Nun kannst du das Mehl hinzugeben. Zuletzt folgen die übrigen Zutaten. Verknete nun alles so lange, bis ein gleichmäßiger, geschmeidiger Teig entstanden ist. Decke diesen wieder mit dem Küchentuch ab und stelle ihn für ein bis zwei Stunden an einen warmen Platz, zum Beispiel in die Nähe einer warmen Heizung. In der Zeit sollte der Teig aufgehen.

3. In der Zwischenzeit kannst du die Füllung vorbereiten und dafür die trockenen Zutaten der Füllung in einem Schüsselchen vermischen.

4. Und jetzt kommt der Moment der Wahrheit: Ist dein Teig richtig aufgegangen? Juhu! Dann knete ihn noch einmal kurz durch und rolle ihn danach in rechteckiger Form auf einer bemehlten Arbeitsfläche aus. Bestreiche ihn mithilfe eines Backpinsels mit der weichen Butter und streue die Mischung für die Füllung gleichmäßig darüber.

SO GEHT'S:

1. Erhitze die Milch ein wenig, bis sie lauwarm ist. Verrühre dann die Hefe, die Milch und den Zucker in einer Schüssel, decke sie mit einem sauberen Küchentuch ab und lass sie für 10 Minuten ruhen. Wenn der Teig kleine Bläschen bildet, weißt du, dass die Hefe arbeitet. Nur dann kann im Ofen eine homogene Masse entstehen.

5. Rolle den Teig an der langen Seite beginnend ein und schneide die Rolle dann in ca. 2 cm dicke Scheiben.

6. Verteile diese Scheiben gleichmäßig auf einem mit Backpapier ausgelegten Backblech. Heize den Backofen auf 190 °C Ober-/Unterhitze vor und verquirle das Eigelb und die Milch. Bestreiche deine Schnecken mit dieser Masse und bestreue sie dann nach Belieben mit Hagelzucker.

Backe die Zimtschnecken 10 bis 12 Minuten im Ofen, bis sie schön braun sind. Kurz auskühlen lassen. Jetzt steht dem Glücksmoment nichts mehr im Wege: Genieße das süße Gebäck mit Fernwehgarantie und träume von einem Urlaub in Schweden!

Quasten basteln

MIT LIEBE SELBST GEMACHT!

Meine Oma hat noch Quasten dazu gesagt, jetzt werden sie als Tassels bezeichnet. Verbreitet sind auch andere Begriffe wie Troddel, Bommel oder Puschel. Was damit genau gemeint ist? Diese Ausdrücke bezeichnen ein hängendes Büschel bzw. Bündel aus Fäden oder Kordeln, das oben meist von einem Knoten oder einer Perle zusammengehalten wird. Tassels sind heute voll im Trend. Mit ihnen kann man einfach alles verzieren – von Handtaschen über Kissen bis hin zu Armbändern und Girlanden. Das Tolle an diesen Deko-Elementen: Quasten kann man innerhalb kürzester Zeit selbst basteln. Auf diese Weise kann man deren Farbe frei wählen: Wie wäre es mit einer Girlande mit großen, kunterbunten Quasten? Oder gefallen dir winzige Bommeln zur Verschönerung deiner Handtasche, die farblich ein Outfit abrunden, besser? Wofür auch immer du die Puscheln benötigst, hier findest du die Anleitung dazu. Außerdem versorge ich dich mit weiteren Inspirationen, wo du die kleinen Anhänger überall verwenden kannst. Vielleicht kommst du dadurch ja noch auf weitere Ideen!

Das brauchst du:

- ◆ Wolle in verschiedenen Farben
- ◆ Garn in verschiedenen Farben
- ◆ Schere

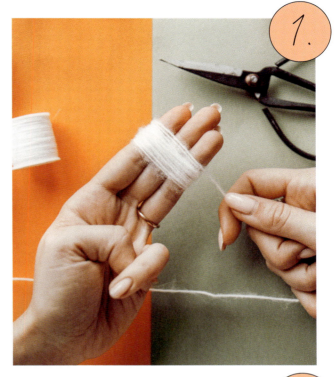

SO GEHT'S:

1. Überlege dir zuerst, wie lang deine Quasten werden sollen. Ich möchte eher kurze Quasten basteln, deshalb wickle ich die Wolle um drei meiner Finger. Mach die Wolle nicht zu eng und wickle schön gleichmäßig, damit später alle Fäden gleich lang sind. Vorsicht: Wickle die Wolle nicht zu eng um die Finger, damit du dir nicht das Blut darin abschnürst. Das kann ganz schön unangenehm sein.

2. Wenn du ausreichend Wolle gewickelt hast, kannst du das Bündel vorsichtig von deiner Hand abstreifen und den Wollfaden abschneiden. Achte darauf, dass die runde Form noch nicht verloren geht oder sich aufdröselt. Schneide einen kurzen Faden ab, ziehe diesen durch das Bündel und verknote ihn.

171

QUASTENKETTE

Hast du dich an deiner Wimpelkette sattgesehen, die du im Sommer gebastelt hast (siehe Seite 118)? Dann mal ran ans herbstliche Puschel-Glück! Bastel dir doch einfach eine Quastenkette. Welche Farbkombination gefällt dir am besten? Ich habe hier hellblaue, weiße und braune Quasten kombiniert und alle an einer Schnur festgeknotet. Für einen besonderen Look habe ich bei den braunen Quasten Kordeln statt Wolle verwendet. Ein schöner Materialmix, oder? Die süße Deko-Kette ziert jetzt meinen Kalender.

3. Nun kannst du die gegenüberliegende Seite vorsichtig mit der Schere aufschneiden.

4. Anschließend bastele ich meinem Puschel noch einen kleinen Kopf. Dafür wickle ich buntes Garn etwa einen Zentimeter unterhalb des Knotens mehrmals um die Quaste und verknote es. Damit ich den Bommel später besser irgendwo befestigen kann, habe ich zwei Fäden nicht mit Garn umwickelt. Sind alle Fäden jetzt gleich lang? Wenn nicht, kannst du überstehende noch mit der Schere kürzen. Schon ist die Quaste fertig und kann verschiedenste Deko-Sachen verschönern.

Tipp: Wenn du größere Tasseln möchtest, für die deine Hand nicht ausreicht, kannst du stattdessen auch einfach ein Stück Pappe oder eine Flasche benutzen.

BOHO-WINDLICHT

Teelichter können auch ausgefallen aussehen. Verschönere dafür einfach ein Einwegglas mit Quasten. Ich habe für die Tasseln weiße und graue Wolle genommen und mit goldenem Garn die Köpfe gezaubert. Diese Farbkombination sorgt für einen reduzierten, aber eleganten Look. Dann habe ich die Quasten in gleichmäßigen Abständen an einem Wollfaden festgemacht und den Wollfaden um den Rand des Glases geschlungen und festgeknotet. Teelicht rein und fertig! Einfacher kannst du ein Deko-Accessoire kaum zaubern.

TASSELKORB

Auch an einem Strohkorb oder einer Strohtasche machen die Quasten richtig was her. In diesem Fall habe ich schwarze, grüne und senffarbene Wolle genommen und daraus kleine Quasten mit farblich passenden „Hälsen" gebastelt. Mit Nadel und Faden kann man die Quasten dann um den Rand des Korbs festnähen. Achte dabei auf gleichmäßige Abstände. So kann man mit Quasten einfach farbliche Akzente setzen.

Boho-Wanddeko

EINFACH LÄSSIG!

Stilvolle Wanddekoration, die richtig was hermacht, muss nicht immer teuer sein. Dabei ist die Spannbreite an möglichem Wandschmuck sehr vielfältig. Tolle Eyecatcher sind kleine Spiegel in auffälligen Formen. Aber auch Bilderrahmen mit Kunstdrucken können schöne Akzente setzen. Du suchst aber eher etwas im Boho-Style? Eine Kombination verschiedener Materialien: Wolle und Holz? Dann habe ich eine tolle DIY-Idee für dich: Aus Wollresten und einem Holzstab kannst du nämlich eine superschöne Boho-Wanddeko zaubern, die aus jedem Raum ein kleines Woodstock macht.

Das brauchst du:

- Wolle in verschiedenen Farben
- Stab (Länge ca. 30 cm)
- Schnur oder Kordel

SO GEHT'S:

1. Schneide ca. zehn Wollfäden in ungefähr 30 cm Länge ab und lege sie zu einem Wollbündel aufeinander. Forme aus dem Bündel einen Bogen, dessen Rundung nach oben gerichtet ist. Lege den Stab auf den Bogen, sodass er ca. 2 cm von der oberen Rundung des Bogens entfernt ist.

2. Schlage nun die obere Rundung des Bündels über den Stab und fädele die Enden durch die Rundung hindurch.

3. Ziehe den Knoten noch einmal fest.

Die gleiche Technik wendest du bei weiteren Wollbündeln an, bis dein ganzer Stab damit gefüllt ist. Verwende dafür am besten verschiedene, zueinanderpassende Farben, mische die Farben auch einmal innerhalb der einzelnen Bündel. Wenn dein Stab gut mit Bündeln gefüllt ist, flechte noch ein paar Strähnen zusammen. Nimm dafür Fäden mit unterschiedlichen Farben, damit diese Zöpfe noch mehr herausstechen.

Umwickle nun die Enden des Stabs mit einer Schnur. Diese sollte ein bisschen länger sein, sodass du den Stab gut aufhängen kannst. Damit die Wanddeko organischer wirkt, habe ich die Fäden an den Seiten anschließend gekürzt, sodass die Bündel in der Mitte am längsten sind.

Tipp: Wenn du der Wickeltechnik nicht traust, kannst du die Schnur auch mit festen Knoten an den Stabenden fixieren.

Nun liegt es an dir: Entscheide, wo du noch mehr Bohemian-Stimmung verbreiten möchtest. Über dem Sofa, im Schlafzimmer oder im Flur? Du findest sicher eine tolle Stelle für diesen süßen Wandschmuck.

Im Herbst geht's nicht ohne ...

... DUFTKERZEN

Wenn es draußen wieder kühler wird, machen wir es uns drinnen gemütlich. Kerzen mit den leckeren Düften von Vanille oder Tanne stimmen auf die kalte Jahreszeit ein.

... KÜRBIS

Nicht nur zu Halloween ist ein Kürbis das absolute Must-have. Eine köstliche Kürbissuppe kann die Stimmung auch an verregneten Herbsttagen schnell aufhellen.

... REGENSCHIRM

Es tropft vom Himmel? Mit einem bunten Regenschirm kein Problem. Der schützt nicht nur vor Nässe, sondern zaubert uns mit lustigen Motiven gleich ein Lächeln ins Gesicht.

... TEE

Lieber Früchte oder Kräuter? Das darf jeder halten, wie er will. Aber so oder so gehört Tee im Herbst einfach dazu und wärmt uns schön von innen.

... SCHALS

Ich liebe Schals. Damit mache ich es mir kuschelig – egal, wo ich bin. Am liebsten mag ich große Tücher, die man auch schnell mal zu einer Decke umfunktionieren kann.

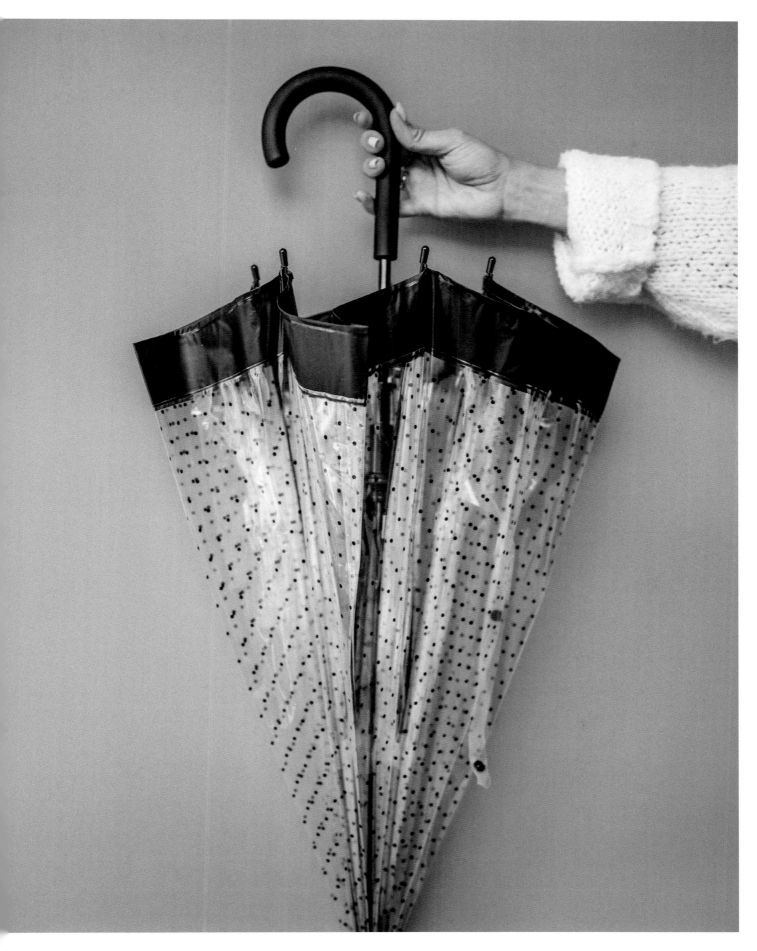

Kapitel 5

Winter

Meine Bucket List

- [ ] Schlittschuhlaufen
- [ ] Schneemann bauen
- [ ] Plätzchen backen
- [ ] die Wohnung weihnachtlich dekorieren
- [ ] Tannenbaum aufstellen
- [ ] heißen Kakao trinken
- [ ] Wichteln mit Freunden oder Familie
- [ ] etwas Gutes tun
- [ ] Weihnachtsmusik hören
- [ ] Weihnachtsklassiker schauen
- [ ] einen Weihnachtsmarkt besuchen
- [ ] Schneeballschlacht veranstalten
- [ ] DIY-Weihnachtskarten basteln

- [ ] ein gutes Hörbuch genießen
- [ ] einen Schneeengel machen
- [ ] ein Lebkuchenhaus backen
- [ ] eine heiße Suppe kochen
- [ ] die Adventszeit genießen und nicht stressen lassen
- [ ] Zeit mit der Familie verbringen
- [ ] Schneespaziergang machen
- [ ] alte Fotos anschauen
- [ ] eine Therme besuchen
- [ ] klassisches Familienfoto vor dem Tannenbaum schießen
- [ ] Geschenkelisten für die Liebsten schreiben
- [ ] Adventskranz aus Eukalyptus basteln
- [ ] Vogelfutter-Knödel raushängen
- [ ] für einen guten Zweck spenden
- [ ] Geschenke einpacken
- [ ] Schlitten fahren

Meine Filmklassiker

1. KEVIN – ALLEIN ZU HAUS

2. KEVIN – ALLEIN IN NEW YORK

3. SCHÖNE BESCHERUNG

4. DER GRINCH

5. VERSPROCHEN IST VERSPROCHEN

6. DREI HASELNÜSSE FÜR ASCHENBRÖDEL

7. FROZEN – DIE EISKÖNIGIN

8. VERRÜCKTE WEIHNACHTEN

9. DIE SCHÖNE UND DAS BIEST

10. IST DAS LEBEN NICHT SCHÖN?

11. DER KLEINE LORD

12. DIE MUPPETS-WEIHNACHTSGESCHICHTE

13. DIE GEISTER, DIE ICH RIEF

14. DAS WUNDER VON MANHATTAN

15. TATSÄCHLICH ... LIEBE

16. HARRY POTTER UND DER STEIN DER WEISEN

17. DER POLAREXPRESS

18. LIEBE BRAUCHT KEINE FERIEN

Meine Musikklassiker

1. IT'S BEGINNING TO LOOK A LOT LIKE CHRISTMAS

   (MICHAEL BUBLÉ)

2. SILENT NIGHT (PRISCILLA AHN)

3. IT'S THE MOST WONDERFUL TIME OF THE YEAR (ANDY WILLIAMS)

4. I´LL BE HOME FOR CHRISTMAS (BING CROSBY)

5. HERE COMES SANTA CLAUS (ELVIS PRESLEY)

6. SANTA BABY (MADONNA)

7. LET IT SNOW (LENA HORNE)

8. TANNENBAUM (VINCE GARLAND TRIO)

9. SANTA TELL ME (ARIANA GRANDE)

10. ALL I WANT FOR CHRISTMAS IS YOU (MARIAH CAREY)

11. LAST CHRISTMAS (WHAM)

12. DRIVING HOME FOR CHRISTMAS (CHRIS REA)

13. JINGLE BELL ROCK (DARYL HALL & JOHN OATES)

14. HALLELUJAH (PENTATONIX)

15. UNDERNEATH THE TREE (KELLY CLARKSON)

16. MY ONLY WISH (BRITNEY SPEARS)

17. BEST SIDE OF LIFE (SARAH CONNOR)

18. SANTA BABY (KYLIE MINOGUE)

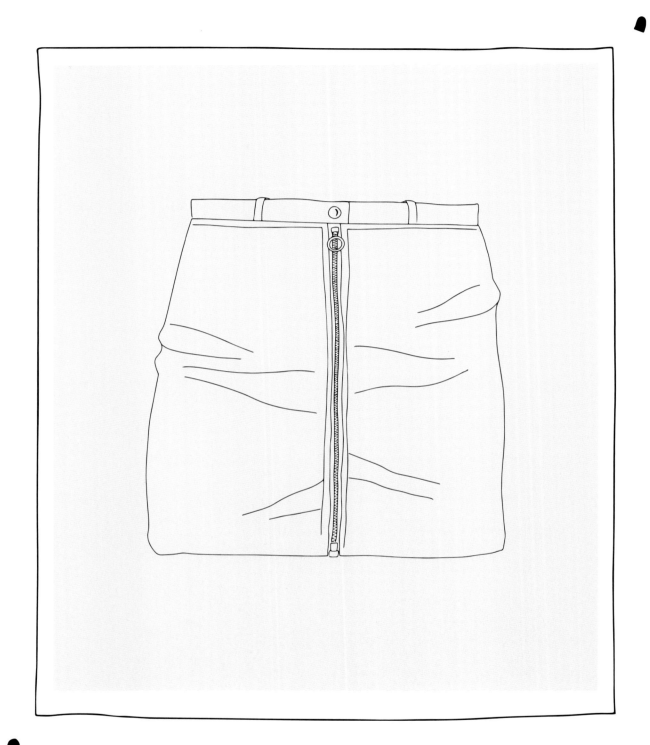

Oh my Rock!

WINTER-OUTFITS

Vergräbst du im Winter all deine Röcke tief im Schrank? Das muss nicht sein! Mit kuscheligen Accessoires und warmen Strumpfhosen kannst du auch im Winter coole, warme Outfits mit Röcken zaubern. Jetzt ist es vor allem an der Zeit, die dunklen, schweren Stoffe herauszuholen, die im Sommer viel zu warm sind. Ich habe auf den folgenden Seiten einen Lederrock auf sechs verschiedene Arten gestylt. Lass dich inspirieren!

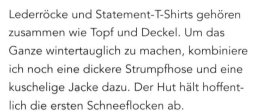

ROCKIG

Lederröcke und Statement-T-Shirts gehören zusammen wie Topf und Deckel. Um das Ganze wintertauglich zu machen, kombiniere ich noch eine dickere Strumpfhose und eine kuschelige Jacke dazu. Der Hut hält hoffentlich die ersten Schneeflocken ab.

UNI

Dicke Winterboots und ein kuscheliger Over-size-Pullover werten dieses Alltags-Outfit auf. Dank der Bluse finde ich diesen Look perfekt für die Uni oder Arbeit. Die Mütze ist ein witziger Farbtupfer.

CUTE

Ist diese Gürteltasche nicht supersüß? Der dicke Pullover hält richtig warm, und die Strumpfhose setzt außergewöhnliche Akzente. Dieser Style schreit quasi nach einem romantischen Date auf der Eislaufbahn. Anschließend könnt ihr euch mit einem Glühwein aufwärmen.

ELEGANT

Für ein Dinner-Date darf es auch durchaus mal ein bisschen eleganter sein. Dafür habe ich ein leicht transparentes Shirt mit einem Spitzen-Bustier kombiniert. Die Overknee-Stiefel und der schwarze Mantel machen das Outfit wintertauglich.

SPORTY

Auch Lederröcke können entspannt aussehen. Durch den Hoodie und die Turn-
schuhe wirkt das Ganze richtig relaxt. Die
passende Mütze hält auch die Ohren warm.
Strumpfhose nicht vergessen für warme
Beine!

STREET-STYLE

Hier habe ich noch ein klassisches
Street-Style-Outfit zusammengestellt. Der
dicke Pullover und die Overknee-Stiefel
sorgen für ganz viel Extrawärme. Der Mantel
rundet das Outfit ab. So bin ich für die kalten
Temperaturen gerüstet.

Healthy Hacks im Winter

Gerade im Winter ist man anfälliger für Krankheiten wie Erkältungen oder die Grippe. Es wäre doch blöd, wenn du deswegen den ersten Glühwein auf dem Weihnachtsmarkt oder das Plätzchenbacken mit deinen Freundinnen verpassen würdest. Deswegen ist es jetzt besonders wichtig, auf deinen Körper zu achten, um fit und gesund zu bleiben. Es gibt vieles, das du tun kannst, um deine Abwehr zu stärken und dein Wohlbefinden zu steigern.

Ausreichend trinken

Unser Körper besteht bekanntlich zu ca. 70 Prozent aus Wasser. Und er will regelmäßig Nachschub. Am besten trinkst du gleich morgens warmen Tee, um den Kreislauf anzukurbeln und die Nacht herauszuschwemmen. Grüner Tee zum Beispiel macht wach und hat viele sekundäre Pflanzenstoffe, die antioxidativ wirken. Über den Tag verteilt solltest du mindestens zwei Liter Wasser oder Kräutertee trinken, um deinen Wasserhaushalt im Gleichgewicht zu halten.

Genug schlafen

Nachts ruht sich unser Körper aus, um wieder für den nächsten Tag gewappnet zu sein. Dabei braucht jeder unterschiedlich viel Schlaf. Während einige wenige mit bis zu 5 Stunden auskommen, brauchen die meisten Menschen 7 bis 8 Stunden Schlaf. Aber für manche ist selbst das nicht genug. Sorg also dafür, dass du nachts genug Ruhe hast.

Immer frühstücken

Für mich gilt: Ich gehe niemals ohne Frühstück aus dem Haus. Im Winter darf es da gerne mal ein leckerer Porridge sein, der mich bei kalten Temperaturen warm hält. Wenn du kein Frühstücker bist (es soll ja solche Menschen geben), pack dir zumindest einen Nussriegel oder eine Banane ein, um das unweigerliche Tief vor dem Mittagessen abzufedern.

Ausgewogen ernähren

Gerade im Winter solltest du darauf achten, dich ausgewogen zu ernähren. Obst und Gemüse gehören mehrmals täglich auf den Speiseplan. Selbst gekochte warme Suppen und scharfe Currys aus frischen Zutaten sind das beste Mittel gegen Schmuddelwetter, das ich kenne. Plätzchen und Schokolade dürfen natürlich auch sein, aber in Maßen, nicht in Massen. Und so tausche ich die Chips vorm Fernseher hin und wieder gegen Gemüse-Sticks und fühle mich gleich viel besser.

Gesund snacken

Wenn wir ungesund essen, geschieht das häufig aus Langeweile oder weil die gesunde Alternative zu lange dauert. Deswegen habe ich mir angewöhnt, immer einen gesunden Snack wie Nüsse oder Obst bei mir zu haben, damit ich unterwegs nicht in Versuchung komme, etwas Ungesundes zu kaufen. Ich versuche nämlich, die Finger von industriell gefertigten Produkten zu lassen und mich möglichst natürlich zu ernähren.

Frische Luft

Auch im Winter solltest du versuchen, so häufig wie möglich ein bisschen Sonne zu haschen. Also trotze den kalten Temperaturen, pack dich dick ein und geh eine Runde im Schnee spazieren. Das kurbelt den Kreislauf an und macht die Atemwege frei. Auch das Lüften solltest du im Winter nicht vergessen, um der trockenen Heizungsluft entgegenzuwirken.

Auf deinen Körper hören

Im Winter kann das Ruhebedürfnis schon mal höher sein als im Rest des Jahres. Gönn dir also den kleinen Mittagsschlaf, nimm heiße Bäder, genieße einen ruhigen Abend vorm Fernseher. Der Winter ist die perfekte Zeit, um mal wieder richtig zu dir selbst zu kommen. Wenn dir dein Körper also sagt, dass er ein bisschen mehr Entspannung braucht, dann gib sie ihm ruhig. Er wird es dir danken.

Adventskranz

ADVENT, ADVENT, EIN LICHTLEIN BRENNT

Adventskränze sind eine so schöne Weihnachtstradition. Jeden Sonntag zündet man ein kleines Lichtlein an und zählt die Wochen bis Weihnachten. Zwar liebe ich den Geruch von Tannenzweigen, aber ich finde auch die moderne, exotische Variante aus Eukalyptus richtig toll. Der würzige Duft verbreitet sich schnell in der ganzen Wohnung und schafft eine kuschelige Winteratmosphäre. Außerdem hält sich Eukalyptus noch besser als Tannenzweige und ist deswegen besonders pflegeleicht. Hier zeige ich dir, warum nicht nur Koalas so begeistert von dem wohlriechenden Grün sind.

Das brauchst du:

- Eukalyptuszweige
- Schere
- Bindedraht
- Deko-Teller
- Adventskerzen
- weihnachtliche Deko nach Geschmack

SO GEHT'S:

1. Eukalyptus gibt es in zahlreichen Varianten mit unterschiedlichen Farben und Blattformen – von graublau bist hellgrün, von rund bis spitz. Du kannst dir also die Sorte aussuchen, die dir am besten gefällt, oder auch verschiedene Sorten mischen. Frag einfach mal bei deinem Blumenhändler nach.

2. Nimm die Eukalyptuszweige zur Hand und schneide sie in kleinere Stücke. Diese lassen sich besser zu einem Kranz binden als die langen Zweige, die etwas störrisch sein können.

3. Lege die einzelnen Zweige nun aneinander und binde sie mit dem Draht zusammen. Lass die einzelnen Stücke ruhig 5 bis 10 cm überlappen. Endstücke dürfen ein wenig aus der Kranzform herausragen und das Ganze auflockern.

4. Binde den Kranz so, dass er die Größe deines Deko-Tellers hat, und biege ihn noch etwas zurecht, bis er flach auf dem Untergrund liegt.

5. Ich habe die Kerzen in die Mitte des Tellers gestellt und den Kranz drum herum gelegt. Übrige Zweige kannst du einfach in eine Vase stellen und trocknen lassen.

6. Nun darfst du deinen Adventskranz ganz nach deinem Geschmack mit kleinem Weihnachtsschmuck dekorieren, zum Beispiel mit Christbaumkugeln oder einer süßen Buchstaben-Girlande.

7. Irgendwas fehlt? Ach ja, Kerzen anzünden und auf Weihnachten freuen.

Tipp: Falls du mal erkältet bist, kannst du aus den Eukalyptus-Blättern ganz leicht ein linderndes, antibakterielles Dampfbad machen: Einfach die Blätter mit heißem Wasser übergießen und 10 Minuten lang darüber inhalieren.

Tipp: Eukalyptus eignet sich übrigens auch ganz wunderbar für einen schlichten Türkranz. Binde dafür einfach ein schönes Band um den Kranz, mit dem du ihn aufhängen kannst.

Für jeden das perfekte Geschenk

Es ist wirklich nicht leicht, das richtige Geschenk für seine Liebsten zu finden. Es soll ihnen gefallen, praktisch sein und ihnen vor allem zeigen, wie sehr du sie magst. Und deswegen wartet man auf die richtige Idee ... und wartet und wartet. Und plötzlich steht Weihnachten vor der Tür und man macht irgendeinen Panikkauf, mit dem man dann nicht wirklich zufrieden ist. Kennst du das? Damit dir das nicht mehr passiert, habe ich auf den folgenden Seiten viele Geschenkideen für dich gesammelt – für deine Großeltern, Eltern, Geschwister und Freunde. Hier ist für jeden das Richtige dabei.

Mama:

1. DREI-GÄNGE-MENÜ VON DEN EIGENEN KINDERN
2. KOCHBUCH
3. WEINSEMINAR
4. BOOTSFAHRT
5. WÄRMFLASCHE MIT BILD
6. KOCHSCHÜRZE
7. GOLDENE TASSEN – MR & MRS
8. PERSONALISIERTES MEMORY MIT BILDERN VON DER FAMILIE
9. NOTIZBUCH
10. SELBST GEBASTELTER SCHLÜSSELANHÄNGER

Papa:

1. MASSAGEKISSEN
2. PERSONALISIERTER BADEMANTEL (PAPA IST DER HERR IM HAUS)
3. TANZKURS
4. GEMEINSAM MIT DER FAMILIE AUF EINE SPORT-VERANSTALTUNG GEHEN
5. KAFFEEMASCHINE
6. BIERWANDERUNG
7. SCHREIBTISCH-STAUBSAUGER
8. TRIKE FAHREN
9. GESELLSCHAFTSSPIELE
10. KRAWATTE ODER FLIEGE

Schwester:

1. BEAUTYARTIKEL
2. FREIZEITPARK-AUSFLUG
3. ALPAKA-WANDERUNG
4. INSTANT-KAMERA
5. KOCHBUCH MIT OMAS GEHEIMREZEPTEN
6. TURNBEUTEL BEMALEN
7. KETTE MIT STERNZEICHEN
8. REISETASCHE
9. HANDCREME
10. BADEKUGEL
11. SCHLAFMASKE
12. BASTELSET
13. POLAROIDKAMERA

Bruder:

1. KOCHKURS MIT REGIONALEN ZUTATEN
2. FUSSBALLKARTEN
3. LAPTOP-UNTERLAGE AUS HOLZ
4. TASCHENPARFÜM
5. PERSONALISIERTE HANDY-HÜLLE
6. LANGHANTEL
7. AKKUSCHRAUBER
8. MASSAGEGUTSCHEIN ALS RUBBELLOS GESTALTEN
9. KREDITKARTENETUI
10. PORTEMONNAIE

Freund:

1. FESTIVALTICKETS
2. SMOOTHIE-MAKER
3. MINI-VENTILATOR FÜR DEN SCHREIBTISCH
4. POWERBANK
5. GUTSCHEIN FÜR DIE WASCH-ANLAGE
6. ZIPPO MIT GRAVUR
7. PERSONALISIERTER FLACH-MANN
8. UNIVERSALTASCHENMESSER
9. SONNENBRILLE
10. ÜBERBRÜCKUNGSKABEL
11. SPORTARTIKEL
12. MÜTZE

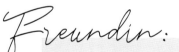

Freundin:

1. BEDRUCKTES KISSEN
2. WELLNESSURLAUB
3. STÄDTEREISE
4. SHOOTING
5. DONUT-STRANDHANDTUCH
6. JAHRESKALENDER MIT BILDERN
7. SCHMUCKSTÄNDER
8. DROGERIEMARKT-GUT-SCHEIN
9. BESTE-FREUNDINNEN-BUCH
10. KOSMETIKTASCHE
11. WAFFELEISEN
12. BLUMEN-ABO

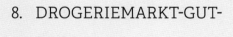

Feuriges Öl

HAUSGEMACHTES CHILIÖL

Von Hand gemachte Geschenke zeigen deinen Lieben, wie viel sie dir bedeuten. Aber dafür musst du nicht immer viel Zeit aufwenden. Dieses Rezept für ein leckeres, aromatisches Öl ist schnell vorbereitet, sodass du dir kurz vor Weihnachten keinen Geschenke-Stress machen musst. Stattdessen kannst du Plätzchen essen und schöne Weihnachtsfilme schauen, um so richtig in Weihnachtsstimmung zu kommen.

SO GEHT'S:

1. Schäle den Knoblauch. Schneide dafür die beiden Enden ab, leg die Zehe flach hin und drücke fest mit der flachen Messerschneide darauf. So springt die restliche Haut auf, und du kannst sie einfach abnehmen.

Für 250 ml

Das brauchst du:

- leere Flasche
- Olivenöl
- 2 Rosmarinzweige
- 2 Knoblauchzehen
- 3 Chilischoten, rot oder grün

2. Wasche die Chilischoten, schneide den Stiel ab und zerteile die Schoten in kleine Stücke.

3. Die Rosmarinzweige kannst du im Ganzen verwenden, das sieht schöner aus als kleine Stücke. Wasche den Rosmarin und trockne ihn gut mit einem Küchentuch ab.

4. Fülle alles in die Flasche und gieße es mit Olivenöl auf.

5. Verschließe die Flasche nun luftdicht und lass das Öl für drei Wochen an einem dunklen, kühlen Ort ziehen – idealerweise in einem Keller oder in einer Speisekammer.

6. Dekoriere das Öl vorm Verschenken mit einem schönen Geschenkband und einem personalisierten Geschenkanhänger. Du kannst auch noch einen Rosmarinzweig daran binden. Deine Liebsten werden sich sicher wahnsinnig über deine Aufmerksamkeit freuen.

Tipp: Damit das Öl wirklich aromatisch wird, solltest du das Ganze einige Wochen ziehen lassen. Dieses Geschenk musst du also rechtzeitig vorbereiten.

Geschenke verpacken

GESCHENKANHÄNGER BASTELN – MEHR ALS LÄSTIGE ANHÄNGE!

Du hast dir bestimmt sehr viel Mühe gegeben, die richtigen Geschenke für deine Familie und Freunde zu finden. Jetzt geht es darum, diese auch schön und kreativ zu verpacken. Natürlich sollte man ein Geschenk nicht nur nach dem Äußeren beurteilen. Eine schön verpackte Aufmerksamkeit zeigt deinen Liebsten noch mehr, wie sehr du sie magst. Das gilt auch für Geschenkanhänger. Die kleinen Kärtchen verziere ich nicht nur mit dem Namen des Beschenkten, sondern individualisiere jeden einzelnen Anhänger. Hier erfährst du, wie. Für Tags eignet sich jede feste Papiersorte. Wähle zuerst eine Form für deinen Anhänger: Du kannst entweder eine der Vorlagen nutzen, dir eine eigene Form ausdenken oder zum Beispiel Plätzchenausstecher als Vorlage nutzen. Übertrage die gewählte Form auf Pappe oder Papier und schneide den Anhänger aus. Stanze dann noch das Loch für das Band. Wie möchtest du deinen Anhänger nun verzieren? Dafür hast du verschiedene Möglichkeiten:

BEMALEN

Du kannst deinen Anhänger passend zum Geschenkpapier mit Farben oder Markern verzieren und Streifen
oder Punkte darauf malen.

Geschenkband

Mit funkelndem Geschenkband wertest du deine Anhänger ganz einfach auf. Ich habe hier verschiedene Bänder
um den Anhänger gewickelt.

Stempeln

Durch Stempeln kannst du deine Anhänger ganz leicht
mit schönen Sprüchen oder weihnachtlichen Bildern
verzieren. Im Bastelladen findest du eine große Auswahl.

Beschriften

Liebst du Handlettering genauso wie ich? Dann entwirf
doch ein Handlettering mit einem schönen Wunsch wie
„Merry Christmas" und übertrag es auf deinen Anhänger.

Bekleben

Für den herzförmigen Anhänger im Bild habe ich die
Vorlage zweimal ausgeschnitten, ein Herz in der Mitte gefaltet und an der Faltlinie auf die andere Form
geklebt. So entsteht eine tolle 3-D-Optik. Du kannst
natürlich auch weihnachtliche Sticker aufkleben, zum
Beispiel Sterne.

Vorlagen

Zum Abpausen!

GESCHENKE LIEBEVOLL VERPACKEN

Geschenk gekauft, Anhänger gebastelt – und nun? Jetzt möchtest du das Ganze natürlich noch schön verpacken. Wenn du dir die Zeit nimmst, um ein Geschenk kreativ zu verpacken, und Spaß dabei hast, liegt am Ende ganz sicher ein echter Hingucker unter dem Weihnachtsbaum. Hier gebe ich dir ein paar Verpackungstipps.

Geschenkpapier

Geschenkpapier bekommst du fast überall in den unterschiedlichsten Mustern, Farben und Materialien. Neben thematischem Geschenkpapier kaufe ich auch neutrales Papier, das ich mit kleinen Deko-Elementen weihnachtlich gestalte. Der Vorteil daran? Ich kann das neutrale Geschenkpapier dann auch für andere Gelegenheiten nutzen und jedes Mal individuell anpassen. Für alles, was sich schwer einpacken lässt, empfehle ich dir, Tüten oder Kartons zu nutzen. Weinflaschen gehören beispielsweise einfach in eine dafür vorgesehene Geschenktüte. Das sieht edel aus und macht wenig Umstände. Wenn du Dinge in einem Karton kaufst, lass sie am besten einfach da drin und verpacke den Karton. Vielleicht brauchst du dafür etwas mehr Geschenkpapier, aber das ist es wert.

Tipp: Vergiss nicht, das Preisschild vom Geschenk abzumachen oder zu überkleben. Denn ein liebevoll verpacktes Geschenk ist eh unbezahlbar.

Geschenkband

Gott sei Dank sind die Zeiten des bunt gekräuselten Geschenkbands aus Kunststoff endgültig vorbei. Heute sind Geschenkbänder aus schönen Naturfasern wie Baumwolle und Seide angesagt. Ob in Spitzenoptik, als Kordel, mit Samt oder gefilzt: Die Auswahl ist groß. Wähle ein Geschenkband, das zu deinem Geschenkpapier passt.

Deko

Neben deinen hübsch gestalteten Geschenkanhängern kannst du noch jahreszeitlich oder thematisch passende Deko-Elemente an deinem Geschenk anbringen. Für Kindergeschenke sind ein paar Bonbons sprichwörtlich zuckersüß, zu Weihnachten bieten sich Tannenzweige oder kleine Christbaumkugeln an. Edel sieht ein kleiner Eukalyptuszweig aus. Schau dich einfach auch mal in der Natur um, was sie zu bieten hat. Da findest du bestimmt etwas. Oder wähle im Blumengeschäft die Lieblingsblume der beschenkten Person wie beispielsweise eine Rose oder eine Sonnenblume. Wenn du ein sehr schlichtes Geschenkpapier gewählt hast, kannst du dieses zusätzlich noch mit Washi-Tape aufpeppen oder mit schönen Stiften kleine festliche Zeichnungen machen. Du kannst dein Geschenk jedoch auch mit Stempeln, einem schönen Handlettering oder Pompons verzieren.

Geldgeschenke

Geld hat den Ruf, ein unkreatives Geschenk zu sein. Du musst aber nicht verzweifeln, wenn sich jemand aus der Familie oder deinem Freundeskreis „einfach nur Geld" wünscht. Denn auch Geld lässt sich liebevoll verpacken. Kaufe einen tiefen Bilderrahmen und bastle mit den Geldscheinen eine kleine Wimpelkette, die du zwischen den beiden oberen Ecken aufhängst. Nun kannst du noch ein Bild von dir und dem Beschenkten einrahmen und fertig ist dein liebevolles Geldgeschenk.

ALTERNATIVE GESCHENKVERPACKUNGEN

Muss es immer die klassische Geschenkverpackung sein? – Nein, es geht auch anders! Mit den folgenden Varianten zeige ich dir, dass man Geschenke auch auf eine andere Art und Weise einpacken kann. Dabei punktet man außerdem noch mit Originalität und Nachhaltigkeit!

Papier

Gerade auch wenn du kein Geschenkpapier zu Hause hast, kannst du dich mit allen möglichen anderen Papiermaterialien behelfen. Ein natürlicher Touch entsteht durch die Verwendung von Back- oder Packpapier. Um hier etwas mehr Farbe oder Individualität reinzubringen, kannst du sie auch bestempeln, bemalen oder mit Schriftzügen versehen. Möchtest du Reisebegeisterten etwas schenken, freut sich dein Gegenüber bestimmt über Dinge, die in alte Landkarten oder Stadtpläne eingepackt sind. Zeitungspapier oder alte Notenblätter lassen einen rustikalen, edlen Geschenke-Look entstehen.

Zwei Geschenke in einem

Eine weitere nachhaltige Alternative sind Halstücher und Bandanas. Sie sind nicht nur ein wunderschönes Accessoire, sondern bieten sich auch perfekt zum Verpacken von Geschenken an. Oder ein Kochbuch, eingeschlagen in ein hübsches Küchentuch – das wirkt doch gleich sehr viel hochwertiger und ist zudem praktisch für den Beschenkten. Passend zu Weihnachten lassen sich Kleinigkeiten natürlich auch gut in warmen Socken einpacken.

Geschenke in Glas verpacken

Eine nachhaltige Idee zum Verschenken von Lebensmitteln, Süßigkeiten oder Geldgeschenken sind Einmach- oder Marmeladengläser. Die Gläser lassen sich auch total gut mit Lackmarkern beschriften und bemalen. So sieht das Glas auch noch schön aus, selbst, wenn es leer ist.

Last-Minute-Geschenkverpackungen

Wenn es mal schnell gehen soll, lassen sich auch Dinge, die man sowieso zu Hause hat, zu einer Geschenkverpackung umfunktionieren. Wie wäre es zum Beispiel mit einer Box aus einem Schuhkarton oder einer Kleinigkeit, verpackt in eine leere Küchenrolle, die mit Papier umwickelt und an den Enden wie ein Bonbon zugeschnürt wird?

Weihnachtsplätzchen

Das brauchst du:

… für den Teig:
- 250 g Dinkelvollkornmehl
- 100 g Butter
- 80 g gemahlene Mandeln
- 1 Ei
- 1 Päckchen Vanillinzucker
- 1 Prise Zimt
- 1 Prise Salz
- 1 TL Backpulver

… für die Glasur:
- 1–2 Zitronen
- 250 g Puderzucker
- Lebensmittelfarbe
- Deko

IN DER PLÄTZCHEN-BÄCKEREI

Zu Weihnachten ist Plätzchen backen einfach ein Muss. Aber niemand möchte dafür lange in der Küche stehen. Deswegen gibt es hier ein Rezept, das total lecker, supereinfach und absolut gelingsicher ist. Da du hier Dinkelvollkornmehl statt Weizenmehl nutzt, sind sie sogar sehr viel gesünder als normale Weihnachtsplätzchen. Bestnoten in allen Kategorien, würde ich sagen.

SO GEHT'S:

1. Verknete alle Zutaten zu einem glatten Teig und lass diesen für mindestens eine Stunde im Kühlschrank ruhen. Du kannst den Teig aber auch bis zu einem ganzen Tag im Kühlschrank lassen, dann schmeckt er sogar noch besser.

2. Roll ihn danach auf einer bemehlten Arbeitsfläche dünn aus.

3. Nun kannst du schon die Plätzchen ausstechen. Wenn du keine Plätzchenformen hast, nutze doch einfach verschieden große Gläser, um runde Formen zu stechen. Heize den Backofen auf 175 °C Ober-/Unterhitze vor.

6. Presse den Saft einer Zitrone aus. Gib etwas Puderzucker in eine Schüssel und träufle unter Rühren nach und nach den Zitronensaft hinzu, bis du eine klumpenfreie, gleichmäßige Masse hast. Färbe diese mit einer Lebensmittelfarbe deiner Wahl ein und bestreiche die ausgekühlten Plätzchen damit. Nun kannst du die Plätzchen abschließend noch mit weihnachtlicher Deko verzieren, z. B. mit Süßigkeiten oder kleinen Marzipanfiguren.

Tipp: Selbst gebackene Plätzchen sind übrigens eine tolle Idee, um einen Adventskalender zu füllen. Mehr Inspirationen findest du ab Seite 214.

4. Platziere alle Plätzchen gleichmäßig mit etwas Abstand auf einem mit Backpapier ausgelegten Backblech.

5. Backe die Plätzchen für maximal 15 Minuten, bis sie leicht braun werden. Nimm sie heraus und lass sie auskühlen.

Süßer Punsch

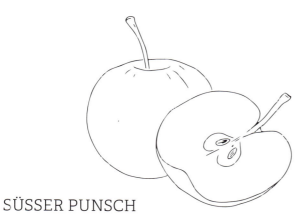

SÜSSER PUNSCH

Es weihnachtet schon sehr, und du suchst eine alkoholfreie Alternative zum Glühwein? Dann probiere doch mal diesen tiefroten Früchtepunsch. Der schmeckt auch allen kleinen Gästen und hält schön warm. Passend dazu kannst du übrigens die leckeren Weihnachtsplätzchen von Seite 206 servieren. Diese Kombi rundet jeden Weihnachtsfilm-Marathon ab.

Tipp: Nimm auf jeden Fall Bio-Obst für den Punsch, da es vollkommen unbehandelt ist.

Für 4 Gläser

Das brauchst du:

- 3 Teebeutel Früchtetee
- 500 ml Apfelsaft
- 500 ml Kirschsaft
- 2 Stangen Zimt
- 2 Anissterne
- 1 Bio-Orange
- 1 Bio-Apfel
- bei Bedarf: Kandiszucker

SO GEHT'S:

1. Koche zuerst den Früchtetee mit 500 ml Wasser auf und lass ihn entsprechend der angegebenen Zeit ziehen.

2. In der Zwischenzeit kannst du den Apfel und die Orange gründlich waschen und in feine Scheiben schneiden.

3. Gib das Obst, die Säfte und die Gewürze zusammen mit dem Tee in den Topf und erhitze das Ganze auf der niedrigsten Stufe. Der Punsch darf auf keinen Fall kochen. Lass alles für 10 Minuten simmern, bis deine ganze Küche nach würzigem Glühwein duftet. Wenn du deinen Punsch sehr süß magst, dann füge noch etwas Kandiszucker hinzu. Diesen kannst du aber auch später extra servieren, sodass Gäste selbst nachzuckern können.

4. Nimm den Topf vom Herd und gieß den Punsch durch ein Sieb in eine Karaffe. Serviere den Punsch am besten gleich warm. Falls etwas übrig bleibt (was ich nicht glaube), kannst du ihn auch später jederzeit wieder erwärmen.

Adventskalender

Aus DIN-A5-Brief-umschlägen habe ich die Hemden für diesen Adventska-lender gestaltet. Einfach die oberen Ecken nach vorne falten und die Um-schläge mit süßen Krawatten, Fliegen oder Taschen aus Pappe verzieren. Anschließend mit einer Schnur an einem Kleiderbügel aufhängen.

Für ihn:

1. DEO IN REISEGRÖSSE
2. KAUGUMMIS
3. SCHOKORIEGEL
4. SHAMPOO IN REISEGRÖSSE
5. RASIERSCHAUM IN REISEGRÖSSE
6. EINWEGRASIERER
7. TOUCHSCREEN-HANDSCHUHE
8. BOXERSHORTS
9. WEIHNACHTSSOCKEN
10. FITNESSRIEGEL
11. MINIATURFLASCHE, Z. B. WHISKEY
12. SELBST GEBACKENE PLÄTZCHEN
13. RUBBELLOSE
14. SÜSSES
15. FEUERZEUG
16. HANDYHÜLLE
17. BUCH
18. GEMEINSAME POLAROIDFOTOS
19. WERKZEUG, Z. B. SCHRAUBENZIEHER
20. LIPPENPFLEGE
21. PARFÜM
22. KINOKARTEN
23. KUGELSCHREIBER
24. MÄNNER-GEWÜRZE, Z. B. STEAK-GEWÜRZ/BBQ-GESCHMACK

Adventskalender

Für sie:

1. DEO IN REISEGRÖSSE
2. NAGELLACK
3. SÜSSES
4. TEE
5. ABSCHMINKTÜCHER
6. GESICHTSMASKE
7. HANDCREME
8. AUSMALBUCH FÜR ERWACHSENE
9. LIPPENPFLEGE
10. BADEKUGEL
11. MODESCHMUCK
12. KUSCHELSOCKEN
13. X-MAS-HAARREIF
14. HANDWÄRMER
15. HAARGUMMIS
16. WELLNESS-GUTSCHEIN
17. PLÄTZCHENAUSSTECHFORMEN
18. KOCHLÖFFEL
19. TEETASSE
20. DUFTKERZE
21. ZUCKERSTANGE
22. WASHI-TAPES
23. TASCHENKALENDER FÜR DAS NEUE JAHR
24. SCHLÜSSELANHÄNGER

Für diesen Adventskalender brauchst du Kartonschachteln in verschiedenen Größen. Wenn du diese befüllt hast, kannst du sie mit Stickern, Stempeln oder deiner eigenen Schrift nummerieren. Nun kannst du einen Hula-Hoop-Reifen in Kraftpapierband wickeln und mit Eukalyptuszweigen und einer Lichterkette schmücken. Die gefüllten Schachteln kannst du jetzt mit Kordeln am Reifen befestigen.

Silvester – Tischdeko

HAPPY NEW YEAR

Du möchtest das neue Jahr mit einer glamourösen Party einläuten? Dann habe ich hier ein paar Tipps für dich, wie deine Silvesternacht unvergesslich wird. Mit dieser Deko in Gold und Schwarz liegst du immer richtig und stimmst deine Gäste auf ein tolles neues Jahr ein.

Namenskärtchen

Namenskärtchen machen jede Party gleich so viel festlicher. Du kannst sie ganz einfach aus einem Stück Papier basteln, das du in der Mitte faltest. Schreibe den Namen in einer schönen Schrift oder vielleicht auch als Handlettering darauf. Zu Silvester lasse ich auf der anderen Seite Platz, damit meine Gäste ihre Vorsätze fürs neue Jahr notieren können. Dieses Kärtchen können sie mit nach Hause nehmen und sich so das ganze Jahr lang daran erinnern.

Sektgläser

Silvester ohne Sekt oder gar Champagner ist gar nicht vorstellbar. Dekoriere deine Gläser doch beispielsweise mit individuellen Strohhalmen. So kommt es auch nicht zu Verwechslungen. Strohhalme gibt es übrigens inzwischen auch in hübschen Papiervarianten oder aus schimmerndem Metall.

Lichterketten

Lichterketten verbreiten eine romantische Stimmung und dürfen auf keiner Silvesterparty fehlen. Ich habe hier eine kleine LED-Kette unter ein umgestülptes Sektglas gelegt und Goldsterne darum drapiert.

Servietten

Zu einem schön gedeckten Tisch gehören Servietten einfach dazu. Du findest sicher unzählige Papiervarianten. So richtig edel wirken Stoffservietten, die du vielleicht sogar noch mit einem Serviettenring verzieren kannst, wenn du magst.

Luftschlangen

Ich habe der Tischdeko goldene Luftschlangen und Sterne hinzugefügt, um eine noch feierlichere Stimmung zu schaffen. Die Sterne kannst du einfach aus hübschem Papier ausstanzen. Achte darauf, dass auch solche Elemente Ton in Ton mit deinen restlichen Deko-Ideen sind.

Konfetti

Eine süße Aufmerksamkeit, über die sich deine Gäste sicherlich freuen werden, sind kleine, mit Konfetti gefüllte Reagenzgläser. Diese könnt ihr gemeinsam verstreuen, wenn die Uhr auf null tickt und das neue Jahr beginnt.

Im Winter geht's nicht ohne ...

... HÖRBÜCHER

Kannst du dir etwas Besseres vorstellen als einen gemütlichen Abend auf dem Sofa, mit einer Tasse Kakao und einem Hörbuch in den Ohren? Denn im Winter habe ich endlich die Zeit, den besten Geschichten zu lauschen.

... KUSCHELSOCKEN

Hast du auch immer kalte Füße? Da helfen nur kuschelig-weiche Socken. Am wärmsten halten die selbst gestrickten von Oma.

... KAKAO

Kakao, selbst gebackene Plätzchen und „Drei Haselnüsse für Aschenbrödel" sind für mich der perfekte Winternachmittag.

... TANNENBAUM

Weihnachten ohne Tannenbaum ist nicht vorstellbar. Der würzige Duft hüllt die ganze Wohnung ein, blinkende Lichterketten und glänzende Kugeln verbreiten feierliche Stimmung.

... WÄRMFLASCHE

Wenn es draußen Minustemperaturen hat, hilft manchmal nur die Wärmflasche – am liebsten mit einem kuscheligen Überzug. So kann man jeder Temperatur trotzen.

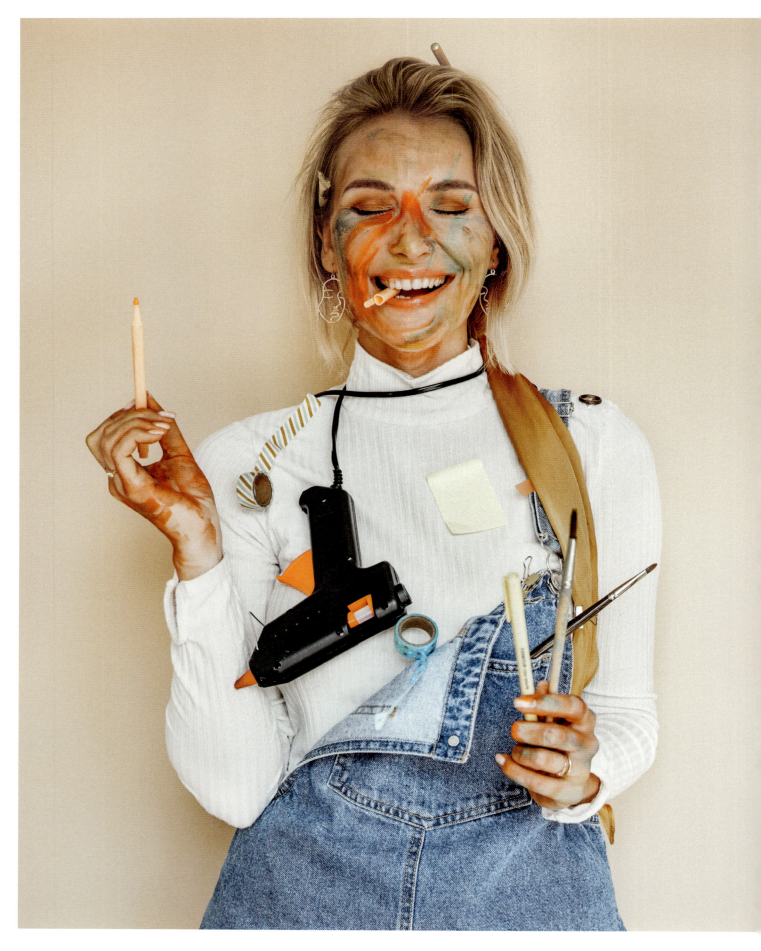

Ciao Kakao

Jetzt bist du auch schon am Ende meines ersten eigenen Buchs angekommen! Duftet deine Wohnung jetzt manchmal nach Zimtschnecken? Ist dein Zuhause (fast) immer ordentlich und aufgeräumt? Bastelst du an DIY-Projekten, die deine eigenen vier Wände verschönern?

Ich selbst habe gelernt, welchen Wert ein harmonisch gestaltetes Zuhause für mich hat. Auf den ersten Blick wirkt es sehr anstrengend alles immer in Ordnung zu halten, aber letztlich ist genau das Gegenteil der Fall. Denn sie schafft Platz in unserer Wohnung und unserem Leben für Neues. Du gewinnst mehr Zeit und Raum, um dich selbst auszuleben: Raum für deine Kreativität, deine Leidenschaft und deine Bedürfnisse.

Ich habe über die Jahre gemerkt, dass man sich jeden Tag erneut inspirieren lassen kann. Frage dich doch einfach mal: Was kann ich heute noch verbessern? Wie kann ich mein Leben noch schöner machen? Die Antworten auf diese Fragen müssen keine großen Sachen sein. Vielleicht schickst du einem lieben Menschen eine schöne Postkarte – einfach mal so und nur zur Freude. Kaufe dir hin und wieder frische Blumen oder halte auf deinem Heimweg beim Delikatessengeschäft an und gönn dir mit einer Freundin eine kleine Leckerei.

Es hat mir sehr viel Spaß gemacht, all die Dinge in diesem Buch mit dir zu teilen, die mein Leben leichter und schöner machen. Teile deine Inspirationen gerne auch mit mir: Unter dem Hashtag #johnspiration kannst du die Projekte, Veränderungen, Stylings und Rezepte teilen, zu denen mein Buch dich inspiriert hat. Ich freue mich jetzt schon auf deine Bilder.

deine Ana

IMPRESSUM

Inspire yourself!

1. Auflage

© 2019 Community Editions GmbH
Zülpicher Platz 9
50674 Köln

Texte: Ana Johnson
Layout, Design & Illustration: Sue Hiepler – Arts From Sue
Satz: Sue Hiepler – Arts From Sue
Projektleitung: Yasmin Reddig
Redaktion: Julia Lucas, Sarah Völker

Bildnachweis: Alle Fotos ©Tim Abels

Gesamtherstellung: Community Editions GmbH

ISBN 978-3-96096-098-0

Printed in Poland

www.community-editions.de